\ 三言兩語，把話說到心坎裡！ /

聊天心理學

吳秀香（오수향）——著

黃莞婷——譯

對話決定關係，心理決定對話。

99%的誤會，是因為你不懂「心理」。

要說話，先攻「心」！

모든 대화는 심리다 : 오해를 피하고 마음을 여는 심리 대화법

序言

敞開心扉才能順利溝通，解開誤會才能改善人際關係

每年都有形形色色的對話溝通相關書籍問世，讀者在其中尋找自己需要的書閱讀，發憤圖強道：

「我要改變說話語氣。」

「原來在那種情況下要那樣說才行，我身邊也有這種人，我也要學會用這種方式和人對話。」

奇怪的是，許多對話相關書籍都忽略了在溝通中容易產生誤解的關鍵，

在於人類無法像機器人一樣精準表達，也無法精準聽懂對方的話。無論說的一方口才再好，聽的一方也有可能踩中誤會的陷阱；反之，就算聽的一方再善於傾聽，也會有相同的問題。

我們經常會碰到下面這種對話情境：

「我不是那個意思。」

「你那個語氣是什麼意思！」

「幹嘛老是挑我語病？」

「什麼啊，又說謊了啊。」

很多時候，層層誤會會導致人際關係變得疏遠，這是單方面的問題嗎？不是的。在對話中，我和對方的心理會共同起作用，同樣的話使用不同的說法，聽起來就會不一樣；相同地，同樣的話會因為聽的人的心理不同，從而接受到不同的訊息。

為什麼會這樣呢？根據心理學解釋，人擁有「周哈里窗」（Johari's window）。周哈里窗分成四扇窗，除了自己和他人彼此了解、溝通無礙的「開放我」（Public），還有溝通有礙的「盲目我」（Blind Spot）、「隱藏我」（Private）和「未知我」（Unknown）。某位演說專家表示，就算和對話達人說話，也無從避免誤會的發生，相關細節我們之後會仔細聊到。

此外，各種心理因素會左右我們的對話和人際關係。比如說，人們過於容易產生常見的錯覺（看不見的大猩猩／The invisible gorilla）；過於容易下判斷（認知吝嗇者／Cognitive miser）；只看自己想看的，只相信自己想相信的（確認偏誤／Confirmation bias）本能區分敵我（杏仁核二分法）；對和自己相似的人會產生好感（相似法則／Law of Similarity）；低自尊的人容易事事持否定態度（自卑的理由）；為求生存而撒謊（撒謊的本能）等等。

人們受困於種種心理因素而寸步難行，因此我們在日常生活和職場上產生誤會的情形並不少見。要知道，對話出現問題不是任何人的錯，為了最大限度地減少誤會，我們要了解人類的心理，也要改變自身的對話方式，如此一來，我們才能擺脫一對話就產生的矛盾不安，感受到人際關係的安定幸福感。

本書會告訴各位對話中必然產生誤會的心理因素，以及在因誤會而產生的問題中，如何開啟對方心房的溝通術。書中收錄了韓國第一位心理對話法專家迄今為止的所有諮商案例。

本書共分成六章。第一章介紹人際關係造成的心理作用，使我們不可避免產生誤會，等到理解了人類心理之後，我們就可以不再懼怕人際關係；第二章說明人們容易忽略的、會引起誤會的行動；第三章審視在人際關係中，我們容易被誤會的內在理由，以及恢復自尊的方法；第四章介紹窺視對方的心理，因為每個人的觀點不同，所以產生了許多誤會，我們將在本章了解到對方和我有何不同、對方最終是如何得到我的信號的；第五章是全面觀察我們每天會經歷的情況，培養客觀分析能力；第六章介紹理解人際關係之後的對話引導術。

有不少人因為對話中的誤會而難受，我衷心希望這本書能成為這些人的處方箋。

吳秀香

目錄

第二章

一開始不被誤解的「訣竅」

第四章

安全著陸在「對方心靈」的方法

第五章

對話不同，「人際關係」也會隨之不同

第六章

缺乏「理解」的人際關係不會順利

人生不就是不斷重複著變化的模樣嗎？

——安迪・沃荷（Andy Warhol）

第一章

打結的人際關係底層存在著「誤會」

01 我們難免誤會彼此——周哈里窗

「先離我遠一點，坐到草叢去，我會從旁看著你，你不要說話，話語是誤會的根源，不要說話讓我每天能慢慢地靠近你……」

這是作家安托萬．聖修伯里的作品《小王子》中登場的沙漠狐狸所說的話。小王子告訴沙漠狐狸他在找朋友，沙漠狐狸則告訴他想擁有朋友，就要有耐性地馴養自己。

馴養的方法很簡單，只要小王子和沙漠狐狸一起坐在草叢中，小王子慢慢地靠近沙漠狐狸就行了，不需要說話，沙漠狐狸只要望著他就夠了。

為什麼沙漠狐狸不認為進行對話是建立一段關係的必要條件呢？理由眾多。話語是裝載心的器皿，可是大多數的人都很難創造出讓自己滿意的器皿，對方收到裝滿心意的器皿，但要準確讀懂傳來器皿一方的心意並不容易，所以沙漠狐狸才這樣說：

「你不要說話，話語是誤會的根源。」

實際上，我們在談話中經常遇到誤會，無論是私人或公事關係，都會出現很多意想不到的誤會，使我們驚慌失措。在日常對話中，我們時常會遇到這些話：

「為什麼聽不懂我說的！」

「我不是那個意思……」

「為什麼是那種語氣？」

周哈里窗

	自己知道的資訊	自己不知道的資訊
他人知道的資訊	**第一扇窗** 開放窗 溝通無礙	**第三扇窗** 盲目窗 誤會的起端
他人不知道的資訊	**第二扇窗** 隱藏窗 誤會的起端	**第四扇窗** 未知窗 嚴重誤會和溝通障礙

產生誤會的原因不勝枚舉，比如說：錯誤的發音和肢體語言、不正確的詞彙、不好的語氣和說話習慣、先入為主的態度等等。

從心理學可以找到人們產生誤會的根本理由，兩位美國心理學家喬瑟夫．勒夫（Joseph Luft）和哈里．英格拉姆（Harry Ingram）提出了周哈里窗，主張人的心態會影響人際關係。這兩位心理學家把人的心比喻成四扇窗。

第一扇窗是他人和自己都掌握

了資訊的「開放窗」。在這個範圍中，自己和他人之間事無隱瞞，展示出透明開放的態度，在此時，人與人之間的對話是暢通無礙的，無論說什麼，對方都會一一理解，根本不會產生誤會。

第二扇窗是自己知道資訊，可是他人不知道的「隱藏窗」。在這個範圍中，人們會因為秘密或自卑情結等種種原因，傾向不敞開心扉。這時候，雙方無法順利進行對話，是產生誤會的起端。

第三扇窗是自己不知道資訊，但他人知道的「盲目窗」。在這個範圍中，彼此之間無法進行圓滑的對話，也是產生誤會的起端。

第四扇窗是自己和他人都不知道資訊的「未知窗」，在這時，雙方會產生嚴重誤會和溝通障礙，言語成了誤會的導火線，經常一開口就引發爭執。

人們會處於這四扇窗中的其中之一，如果我們能擴張第一扇窗「開放窗」的範圍，則人際關係與溝通都會非常順利，不過如果我們擴張了第四扇窗「未知窗」，則人際關係和溝通都會窒礙難行。

每個人心裡都有不同的窗，除了第一扇窗之外，有許多人被「隱藏窗」、「盲目窗」和「未知窗」所支配。從心理學角度來看，對話會受到心態影響，因此，無論說的一方有多能言善道，用高超口才表達自己的心意，和聽的一方的心意相悖也是在所難免。

02 人們習慣誤會一切
——看不見的大猩猩

「誤會」在字典中被定義為「錯誤地解釋或理解意思」，而在對話的時候，人們無法完全接納事實的情況屢見不鮮。事實上，只要是人就難免遇到誤會，這是因為人本來就會陷入莫名的錯覺中，哪怕自己也很困惑，「那句話（或那些話）到底為什麼能誤解成那樣？」

一九九九年，美國心理學家丹尼爾．西蒙斯（Daniel Simons）以及克里斯．查布利斯（Christopher Chabris）進行了有趣的實驗。他們把六名學生分成兩組，每組三人，分別讓兩組穿上白色與黑色的隊服，然後要學生傳遞籃球。兩位心理學家把學生們傳球的模樣拍成影片，給學生們看了之後說：

「不要管穿黑色隊服組，只管計算穿白色隊服組的傳球次數就好。」

學生們專心計算穿白色隊服組的傳球次數，過沒多久，影片播完，他們問學生們：

「剛才的影片中，除了學生之外，有沒有看到其他人？」

在影片中，有一名作大猩猩裝扮的學生走過去，驚人的是，大半的學生專注於計算穿白色隊服組的傳球次數，壓根沒看到他。

即便眼前有非常醒目的對象，但人只要一不注意就會認不出來，或是產生錯覺。這種現象屬於認知錯覺的一種，叫作「看不見的大猩猩」。

嚴重的錯覺同樣會發生在人們的想法和意見上。在大學或公司等場合開會的時候，許多人會無意識地陷入自己的思維中。

「這次一定會有很多人贊成我的意見。」

這是與事實完全背道而馳的錯覺。人會本能誤解他人和自己的想法差不多，在心理學上，這種現象稱為「錯誤共識」（False consensus）。人並不完美，不時會陷入明顯的錯覺中，所以說，人們在交換意見時會產生誤會，實屬必然。

和平時形象不好的人對話，對方露出燦爛的微笑，關懷備至，但由於人們已經先入為主地否定他，很多時候會誤以為他的親切另有圖謀，哪怕他是發自真心地關懷對方，很多人還是會排除這種可能性。

與此相反，和平常形象好的人對話也會頻繁產生誤會。聽說那個人會親切關懷對方，那麼人們當然會認為他是一個親切和善、形象佳的人。這也是誤會，因為對方有可能是有意地採取親切態度，許多人因為不考慮這種可能性而中了誤會的圈套。

雖然錯覺和誤會表面上看來不同，但實際上，兩者可以說是毫無二致。兩者的共通點是：沒有正確地掌握事實真相。

人類是錯覺動物，也是誤解動物，因此如果我們希望和某人的對話中毫無差池，猶如痴人作夢。在隨時隨地發生的任何對話中，誤會的產生是必然的，是比比皆是的。所幸，只要我們能理解這一點，就能減少對話誤會的程度和次數。

03

第一印象決定下一個情況

——認知吝嗇者

上班族、主管、銷售員、購物節目主持人、夫妻、就業準備人士等，根據不同對象有不同的對話方法，但無論哪個領域、哪種對象，都有共同原則——第一印象。

「即使讀了再多的話術相關書籍，學到各式各樣的溝通技巧，但如果第一印象失利，一切就是做白工。人們見面談天的時候，雙方會瞬間判斷自己是不是喜歡對方，第一印象可說是左右對話成敗的要因。」

我在每場講座都會強調第一印象，但總會有幾名學員抱怨道：「第一印象不至於決定對話的成敗吧。」他們認為第一印象頂多讓人猜測對方過著什麼樣的日常生活，會在判斷上起到一定的作用罷了。

第一印象的威力真的僅止於此嗎？這是低估了第一印象的效果。第一印象在對話中具有莫大的影響力，這一點不容小覷。根據某求職網站的統計數據，百分之七十六點三的企業人事負責人表示：「面試時曾因求職者的印象而扣分過。」

也就是說，無論一個人擁有多出色的履歷、多傑出的實力和潛力，都會因為外貌而遭到淘汰；反之，縱使一個人的履歷有不足之處，實力和潛力普通，但只要印象好，還是有機會面試合格。

招聘什麼樣的職員會關係到公司的命運，因此在招聘面試中，第一印象起著非常重要的作用。人事負責人之所以如此重視第一印象，原因有三：

有良好外貌的人，（看起來）社會競爭力強。

有良好外貌的人，（看起來）擅長自我管理。

有良好外貌的人，（看起來）工作實務能力好。

傑出的話術技巧不勝枚舉，但儘管如此，所有的對話相關書籍的第一部分主題都是第一印象，毫無例外。我們不好好經營人與人第一次見面的印象，擁有再好的口才和說服力也沒用。如果第一印象失敗，我們就無法和對方進行圓滿、流暢的對話，並且雙方會意見相左，無可避免地產生誤解。

為什麼第一印象會對溝通產生如此大的影響？對此，美國心理學家高爾頓．奧爾波特（Gordon Allport）提出「人格特質論」（Trait theory），介紹「認知吝嗇者」的概念。認知吝嗇者指的是容易輕易判斷一個人的人，不管跟誰對話，很難修正自己對對方第一印象帶來的好惡。

第一印象在日常生活對話中也有著重要的作用。夫妻之間針對某個主題進行對話時，假如某一方從一開始就皺眉頭，則夫妻吵架一觸即發，因為不管使用多好的話術，雙方都會落入誤會的圈套中。情侶關係也是如此，在吵架後，情侶為了道歉而見面，就得表現出真心實意的模樣，才能順利進行和解對話。

第一印象在以商業為目的的會面、會議和面試場合更是重要。自在的表情、平靜的微笑和得體的服裝儀容是必備的，像這樣，做好良好第一印象的萬全準備，才能跟對方在同一個對話頻率上。

04

不能忍受他人對我的否定

——確認偏誤

美國企業家暨投資專家華倫．巴菲特說：

「人最擅長的是，不惜過濾新資訊，也要保有原有的見解。」

有個人把每天喝半瓶以上的燒酒視為人生一大樂趣。他每天早上看報紙，有一天看到一篇報導指出，就算一天只喝一、兩杯酒，天天喝酒還是會有害健康。這個人看完報導後做了什麼呢？他不是戒了酒，而是戒了看報紙的習慣。

雖然人們希望溝通，但做的事似乎讓自己走上了不溝通之路。如同上面的小故事一樣，人們接受自己認為是正確的信念，和與自身信念一致的資訊，習慣性忽略和自身信念相悖的資訊。一九六〇年，英國心理學家彼得．華生（Peter Wason）稱這種現象為確認偏誤，意指「人只看自己想看的，只相信自己想相信的」。

美國新聞記者暨心理學部落客大衛．麥瑞尼（David McRaney）在《任何人都會有的思考盲點》（You are not so smart）一書中說明了確認偏誤：

「他們根據現有的世界觀篩選出一個世界，假如他們的濾鏡和你的濾鏡是一樣的，你就會喜歡他們；假如不一樣，你就會討厭他們。你不是想透過他們獲得情報，只不過想要確認自己的信念。」

不管學歷高低或性格豪爽與否，人人都會受到確認偏誤影響，這可以用認知心理學的基模（Schema）概念來說明。這個模式的基本設定是，每個人會依循知識與經驗等種種因素，選擇性接受資訊。換句話說，同樣的話，人們會接收不同的單詞、語氣和對話，所以人際關係中經常會發生誤會，溝通不良。

我們不應否認這一點，應承認我們的確有確認偏誤，然後智慧地應對它。某一天，某大企業一位很能幹的秘書室長請我替他進行諮詢。秘書室長想向會長直諫，但不知道要怎麼傳達比較好，於是請求我給他建議。

「會長太喜歡打高爾夫球了，不但一天到晚缺席重要會議，連公司會議也遲到了好幾次。我覺得這是很嚴重的問題，想直接告訴他。」

我問他，會長是否信任他這個秘書室長，還有他的工作效率如何？他說會長很相信他，他的工作效率也很好，正因如此，他才猶豫是不是能向會長直言不諱。我這樣回答道：

「你大可直言，但人們傾向只看自己想看的，只相信自己想相信的，所以即使你做為秘書室長，為了會長和公司直言規勸，但會長能不能聽得進去才是問題，畢竟打高爾夫球有利於交友和健康。不過若你開了口，會長可能

會作出明智的新嘗試吧。」

秘書室長問：「他會不會節制打高爾夫球的次數呢？」我搖搖頭道：

「會長會作的明智新嘗試之一，也許是任命有能力的新秘書室長。」

確認偏誤會在人們的潛意識中根深柢固，所以我們不能對它置之不理。秘書室長建議會長的最好方式，不是直言不諱地說會長打高爾夫球問題很大，應該說一些能讓會長更專心在公事上的話，如此一來，會長會自動自發地節制打高爾夫球的次數。秘書室長否定高爾夫球的瞬間，他有可能因為會長的確認偏誤，失去秘書室長之位。

人們會過濾與自己相反的意見。因為接受不同見解是非常辛苦且痛苦的，所以人們和任何人對話的時候，不管會不會造成自身損失，都會試圖插入自己的觀點。也因此，對話中才會頻繁發生誤會。

羅馬時代的傑出政治家尤利烏斯·凱撒（Gaius Julius Caesar）就曾說過：

「人們只想看到自己想看到的世界。」

05

大腦會自動認出誰是我的朋友——杏仁核二分法

「和第一次見面的人說話好緊張。」

「在工作會議上好難開口發言。」

無論在日常生活也好，在商業場合也好，有很多人很難和初次見面的人開口說話。不管是誰，在跟對方變熟之前，要說一句話都有難度，但跟對方變熟了就能打開話匣子。為什麼會這樣？是因為天性小心謹慎，還是有社交恐懼症？

不是只有怕生的人會這樣，其實每個人都會有防禦反應。人類大腦的杏仁核部位會停在五歲智力，杏仁核又名杏仁體，主要就是負責恐懼的情緒反應。杏仁核啟動反應的方式非常簡單，它會把在一天中遇到的數萬種情形分成兩種：「愉快」和「不愉快」。

當我們遇到某人的時候，大腦杏仁核部位會被啟動。首先，當對方進入視線範圍的那一刻，我們的大腦會迅速分析：

「這個人是男人？是女人？是第一次見面的人？之前見過面的人？是有錢人？是窮人？長得好看？看起來很不精明？」

在諸多分析中，必不可少的判斷是：

「是敵？是友？」

這是因為杏仁核掌管的中樞情緒是恐怖，所以我們面對某人時，為求生存，杏仁核的首要任務就是先分析對方是友是敵。從杏仁核大腦的角度來看，人和動物並無二致，都會快速分析對方。假如杏仁核判斷對方是朋友，就會進入愉快的情緒；反之，假如判斷對方是敵人，就會進入不愉快的情緒。

對人而言，杏仁核的機能至關緊要。喪失視覺能力的盲人依然會啟動杏仁核機能，如果就連盲人面對人臉時，都會分辨愉快或不愉快，那更不用說看得見的人了，我們見到第一次見面的人，必然會區別對方是友（愉快）是敵（不愉快）。

因此我們和某人初次見面的時候，會被恐懼包圍是正常的，問題正出在杏仁核採用的二分法。杏仁核會把對方分類，分出是朋友還是敵人之後才會開始對話，這麼一來，我們對對方的成見、偏見和誤會，會像雪球一樣越滾越大。不過有時候存在第三變數，也就是我們無法馬上確定對方是友是敵，無法立刻二分化。

當我們遇到未知的對象時，因為被杏仁核的敵友二分法影響，我們的判斷能力和阿貓阿狗差不了多少。既然如此，我們有沒有辦法減少杏仁核非黑即白帶來的誤會和損失呢？

解決方式一如杏仁核的啟動方式一樣簡單。如果能訓練自己傾聽對方的話、學習對方的語氣和行動、提出共同話題，那麼就能輕易讓杏仁核視對方為朋友，從而漸漸地聽進對方的話，並且接納它。

06

自尊越高，愛人的能力越高

——自卑的理由

「我總是不自覺挑男朋友的語病，好像傷到他了，覺得很抱歉。」

這是某位女性諮商時說的。她的男朋友在大企業上班，她在金融公司上班，後來被解雇了。兩個人都在上班的時候，感情非常好，但自從這位女性失業以來，兩人就時常因小事吵架。

在我和她深入交談後，我發現她缺乏自信，原因是幼時因母親虐待留下了嚴重創傷。小時候功課不好的媽媽對女兒寄予厚望，女兒在滿足媽媽期待的壓迫感和壓力下長大，一旦沒滿足媽媽的期待，就要挨打。

等到她踏入職場工作，和男友交往之後，心態變得比較從容自在，但在失去工作後，她內心深處留下的傷痛重新復活了。此外，過去的傷痛和現在的失落感雙重加乘，一併降低了她的自尊自愛和自豪感。

她的自信心不足讓她在與男友的關係中經常出問題。無論男友說什麼，她總是回以負面又敏感的反應，和男友進行對話。我建議她：

「比起學習溝通技巧，妳好像需要提高自尊的心理治療。我不是心理治療師，我能給妳的建議是多關注自己的情緒。請記住天生我材必有用，每個人都有別人沒有的優點。」

對話就像打乒乓球一樣，需要你來我往，要能好好接住對方打來的球，並且打回去。另外，不要錯過對方的球，要好好接球，因為只有這樣，對話才不會被中斷，得以順利進行下去。

低自尊的人打不好乒乓球，不但接不住對方打來的球，還很容易把球打向奇怪的方向，讓對方接不住，因此雙方免不了產生誤會，對話中斷。

就像我前面介紹的女性諮商者一樣，人生在世，每個人都難免因為各自的苦衷而產生傷痛，感到自卑。這些情緒經常讓我們的自尊跌到谷底，而積極解決這類問題是專業心理治療師的工作。

雖然我不是專業心理治療師，不過我做為心理對話法專家，想介紹四種能減少因自尊低落而產生誤會的方法。明智處理因誤會而產生的憤怒，便能逐漸消除日積月累的負面情緒。

1 — 分散注意，放鬆身心。

因為自卑而產生生氣情緒的時候，最好轉移注意力，把注意力分散到其他地方，放鬆身心。

2 同理心

如果產生對話矛盾，首先努力同理對方的話，需要有意識地採取比平常更積極努力的態度。

3 掌握事態

應該客觀看待自己因暴躁情緒而誤解對方的情況，唯有如此才能找到解決問題的線索。

4 健康地表達情緒

生氣的時候，最好傳達「我的訊息」，如果用會帶給對方愧疚感的「你的訊息」開啟對話，要不了多久，情緒就會爆發。如果從「我（自己）」開始，便能克制情緒。舉例來說，用這種方式表達：

「我聽了你的話（說明情緒）之後，心情不太好，所以……」

07

小小的謊言不是罪

——撒謊的本能

就業難如登天，大學生模擬面試現場，每個人都抱著「今年一定要就業」的渴望，絕不馬虎應對模擬面試，是以現場瀰漫激烈的競爭氣氛。

我見識過無數次的模擬現場，通常面試專家會特別注意「謊言」，亦即與事實不符的虛假內容。面試或求職場合的代表性謊言如下：

「年薪不重要。」

「我想一輩子為公司效力。」

「晚上和週末加班沒問題。」

「我會把工作擺在私事前面。」

這些都是求職心切的人會說出的無心之言，這是由於急於求職而試圖排擠其他競爭者的結果，甚至有些求職者認為說這些話理所應當。公司人事面試官很清楚求職謊言是一種常態，是以即便明知面試者說謊，他們也很少特別在意，頂多不把這些話當一回事，會自帶濾鏡去聽這些話。

一九九七年，美國加州大學研究團隊指出，人們一天平均會說兩百個謊言，經常說謊的職業有推銷員、醫院掛號櫃台員工、政客、媒體人、律師、商店店員和心理學家。

韓國人更不用說了，韓國人幾乎把謊言當成家常便飯，不僅是求職面試，在做生意、協商等各種正式對話中，我們在和親朋好友與父母的日常對話時，也隨時隨地在撒謊。不過我們不能把謊言一致視為是負面的，因為在這之中還包含了善意的謊言。代表性謊言有三類：

1—保護自己的謊言

目的是保護自尊、面子等。

2—關照對方的謊言

目的是遵守禮儀；維持人際關係。

3—為了自身利益的謊言

為保護自身利益而不擇手段為其目的。

人們在小時候為了自我防禦而本能地撒謊，等長大成人、懂得人際關係之後，人們為了關照對方或獲得自身利益而有意識地撒謊。

在這三種謊言目的中，最有問題的是：不顧一切，只考慮到自身利益的謊言。這是明知不可為卻不可避免的日常私人謊言。正因如此，我們和某人對話時，發現對方撒了謊也不用太過敏感。

「在我看來，你真的很有勇氣。」

「老師給人的印象很好，很親切。」

前者說話的目的是出於維護聽話者的自尊，後者說話的目的是出於禮貌。我們對於這類的善意謊言，要懂得察言觀色。如果對這些話太過敏感，就無法和對方繼續聊下去，再說了，把對方貼上謊話精的標籤，也會造成自身的困擾。

美國心理學家暨麻薩諸塞大學教授羅伯特．費爾德曼（Robert Feldman）主張，兩個初次見面的人會在十分鐘內各撒三次謊。除了過於明顯的謊言，我們應靈活看待人類本為謊言動物一事，唯有如此才能和對方好好談話。

第二章

一開始不被誤解的「訣竅」

08

快速收拾說話爛攤子，心中更踏實

——道歉的技巧

不管在日常生活中或職場上，說錯話，十常八九。雖說如此，對好朋友或鄰居偶爾說錯話也許還不成問題，只要道歉就能當成一場玩笑也就過去了；可是職場和商業關係卻不是這麼一回事，說錯話不能輕易打哈哈過去的情況也不在少數。當然，說錯話的人會很苦惱。

根據某項調查結果顯示，百分之八、九十的上班族都有在工作場合說錯話的經驗。更大的問題是，在職場上說錯話的人中，大多數人會一直被對方討厭；或是被以牙還牙，弄黑職場形象，臭名遠揚，以致在職場上求助無援；或被同儕之間排擠；或得到不好的考核成績，甚至在升遷名單上被淘汰。

■上班族會說錯話的六種類型

- 背後說上司、同事、後輩和公司等人的壞話（27.6%）
- 因為用詞不當而造成的失誤（26.5%）
- 稱呼不當（15.7%）
- 在不該開口的情況下失言（14.6%）
- 觸及對方自尊的口誤（10.3%）
- 髒話和粗話的失誤（5.2%）

人們會造成口頭失誤的理由是什麼呢？說話失誤的人往往是因為個性太

急，欠缺考慮，無意中流露出了對某人不好的感情，或是想被特定對象看好的貪念，又或是因為口拙，又或者是沒能徹底理解對方的話。從上述理由來看，會說錯話的不只有特定幾個人，每個人都會說錯話。

視不同的時間和場合，我們要更加注意說話，不過說錯話仍可說是家常便飯。被譽為「對話之神」的賴瑞．金在某個節目開播初期，也曾因過於緊張，以致於說錯了兩次廣告台詞。他把「普拉格兄弟[1]追求最佳的麵包」（Plager Brothers-For the Best in Bread）說成：

「普拉格兄弟追求最佳的床」（Plager Brothers-For the Best in Bed）

連賴瑞．金也會說錯話，平凡人說錯話的次數更是難以計數。常言道：「說錯的話覆水難收」，那要是水灑了怎麼辦？

「我怎麼會說這種話……」

「說錯話是難免的。」

「我說過那種話嗎？」

萬萬不可說這種話，這樣說只會引發更嚴重的矛盾。說錯話的人要先承認自己的錯誤，道歉有助於阻止接二連三的誤會，把自身損失降到最低。說錯話道歉必須具備三個要素才會有效果。

1 說錯話馬上道歉

2 要真心道歉

3 展現不同的面貌

少掉一項要素，道歉就會失效。公事上因說錯話而產生誤會的時候，在事情變得覆水難收之前，不要呆站旁觀，請把水好好地擦乾淨。得體的道歉能防止不知不覺中產生的誤會。

1 麵包店名為直譯。

09

話在人說

——跳脫框架

「吃飯。」

「吃一下飯啦。」

兩句話看似差不多，但意義明顯不同。前者單純傳達了「吃飯」的訊息，後者帶著語助詞，給人莫名的輕視感，也就是要對方不要做其他事，給我好好「吃一下飯」。

在韓文中，即使是類似的話，也會因細微的差異，意思天差地別。常言道：「話在人說」，一樣的話看說話的人的方式，聽起來就會不一樣。

四字成語「朝三暮四」的典故廣為人知。宋朝有個叫狙公的人，早上給他養的猴子餵三升橡實，傍晚餵四升橡實，誰知那群猴子因為時間感覺的差異，憤怒抗議，覺得早上吃的橡實太少了。狙公聰明地對調早上和傍晚的數量，這才讓猴子們感到滿意。結果相同，但暴露出只看眼前利益的猴子們的愚昧。

對猴子來說，朝四暮三和朝三暮四是不一樣的。有的人早上吃得少，晚上吃得多，當然也有人相反，猴子也是一樣。狙公養的猴子喜歡早上多吃，晚上少吃，細想之下，猴子才真正懂得語言的微妙差異。

不同的傳達話語方式，會賦予話語不同的意義，如果不弄清楚這一點，就會造成聽者的混淆和誤解。

在職場上，上司對下屬下達指示的時候亦是同理。

上司要下屬處理文件，說道：

「盡快處理這份文件。」

「這份文件也快點處理。」

前者的意思是，優先處理這份文件，後者的意思則是，同時處理好這份文件和其他事。

即便在同樣的情況和意圖下，有時候我們從嘴裡說出的話也會有天壤之別。首先，我們來了解一下美國語言學家喬治・萊考夫（George P. Lakoff）提出的心理學概念「框架」——一個人解釋某對象或某事件的方式。哪怕情況和意圖一致，解釋方式因人而異，這個概念正與「話在人說」的意義一脈相通。

有一對熱戀期情侶在聊天，女人吐露她對自己的腿很自卑，這時候，男人可以有兩種回應方式：

「妳的腿看起來確實不好看，希望妳不要穿裙子。」

「妳穿牛仔褲的時候，臀部線條看起來很漂亮。」

不管男人的意圖是什麼，可是兩種回答的差異顯而易見。聽了前者的回答，女人一定會火冒三丈；聽了後者的回答，女人的心情會變好，也會稍微覺察到這句話的箇中真意。前者把框架架構在女人的自卑處，即她的腿上，而後者把框架架構在她的漂亮臀部上，結果是，後者既不會引起誤會，又能引起雙方的共鳴。

韓語的特性和心理學框架概念非常適合套用在「話在人說」上，我們說話必須考慮到聽者的立場，才能避免引起誤會。

10

話說得再有水準，聽不懂就沒用
——專業用語上癮症候群

我為了換新手機去手機店，一位職員很有禮貌地打招呼，親切介紹手機。隨著對話進行，我被他的話打動，覺得應該換他推薦的手機，但當他把手機拿出來，仔細說明的瞬間，我瞬間石化了。職員比較了兩種不同的手機：

「左邊這支是全世界第一隻 Giga LTE[2] 手機，右邊這支的數據傳輸速度是 20Gbps，比 5G 快二十倍[3]，手機費率根據您選擇的手機……」

對電子產品不熟的我驚慌失措。我根本聽不懂店員在說什麼，還特地把手機說明書看了一遍，結果說明書上也是一大堆外星文。

智慧型手機是從大人到小學生，大多數國民都擁有的大眾通信產品，手機店員應該要簡單易懂地介紹手機性能，這樣顧客才能好好選擇自己想要的產品，同時也能增加顧客回頭率。那家手機店的職員親切歸親切，但因為沒掌握到這一點，所以那天我完全失去了買手機的興致。

最近一種新興職業叫職業演說家。有一位海外留學回來，口才出眾，外型俊俏的職業演講者，業界人士一致殷切盼望他能成為一名成功的演說家，他卻遭逢難關。他告訴我說：

2 在 5G LTE 之前最快的電信服務。

3 韓國各大電信和台灣各大電信的5G峰值計算各不相同，比如：遠傳電信聲稱最高峰值是 1.3Gbps、中華電信是 2Gbps，故作者這裡應只是取大概值。

「我精通英文，發表的時候態度熱情，但聽眾的反應卻沒我想像中得好。」

我和他聊了一陣子，立刻知道問題出在哪裡。他的發音和語調有著濃厚的英文腔，再加上他提到專業術語時，無一例外都講英文。我大學念的是英文系，還有過幾年的海外生活經驗，要聽懂他說什麼並不難，可是普通聽眾擺明了會產生抗拒感。

「他到底在說什麼？」

「不能說讓人聽得懂的人話嗎？」

一旦聽眾有了這種想法，之後對方就不會再聽進他所說的話，因此我建議他：

「在演講的時候，盡量用韓文表達專業用語，因為除了一些專家或留學人士，大部分的人都不太能聽懂英文專業用語，使用簡單易懂的表達方式不

會降低你的權威性，反而能得到更多人的迴響。」

在職場上，我們也經常會聽到讓人一頭霧水的專業用語。

「公司設計組為了 client 的 satisfaction，計畫了兼具 creative 和 global concept 的 fashion item。」

把這種說明改成韓文就能輕鬆解決問題。

「公司設計組為了客戶滿意度，計畫了兼具創意及國際性概念的時尚產品。」

在傑瑞・康納（Jerry Connor）、李・西爾斯（Lee Sears）的著作《為什麼工作這麼奇怪？》（Why Work is Weird？）[4]提到專業用語上癮者的矛盾之處是，他們慣於避免說淺顯易懂的話，但偏偏那是他們最需要的。另外，

4 《Why Work is Weird？》尚未發行中文版，兩位作家的名字和書名都是暫譯。

書中也提到，戴上專業用語或專家意見的面具，把真正要說的話隱藏起來，就會讓聽眾無法理解真正的意思。

有些人使用專業用語只是想把自己試圖迴避的問題推到一旁，並無助益。為了不產生溝通障礙和誤會，我們應盡量避免使用專業用語，原因有四：

1 為了不脫離問題核心
2 為了防止聽話的人聽不懂，哪怕只有一個人也好
3 為了說明得更加簡單明瞭
4 為了不炫耀自己的淵博學識

11

粗俗的話會蠶食我的格調

——粗俗用語的防禦機制

「就算想簡單地表達自己的意思，也不要過度使用粗俗的話。雖說現在已經進入二〇〇〇年代，我們少了很多言語禁忌，但粗俗的言語仍舊不易得到聽方的反饋，反而可能引起負作用。」

這是國際級談話節目主持人賴瑞．金說的。我個人替諮詢者進行溝通對話法諮商的時候，無一例外會強調「請使用簡明易懂的說法」，因為只有這樣，談話雙方才能達成彼此了解的透明溝通。就像賴瑞．金的話一樣，有些人誤以為使用粗俗的話也沒關係，我就曾見過一些年輕上班族或講師，無心地使用鄙俗的表達方式。

是在哈囉什麼啦（意指沒用的話）？／ㄓㄉㄕ（真的是）偷飯賊

屌喔（非常厲害）／94狂（非常、超級厲害）／笑芬（笑瘋）

雖然這些都是大家最近日常中常見的輕鬆用語，但是如果不是非常熟悉的關係，就不應該使用這些話才對，而即便是和熟人見面，也要節制使用，不能句句都這樣。人在替第一次見面的人打印象分數的時候，通常標準沒那麼寬。還有，即使自己是愛用粗俗用語的人，但在碰到初次見面就使用粗俗用語的人，也不會產生好感。

我在談話中不會使用粗俗用語，唯一的例外是，在演講的時候為了增添聽眾聽講的趣味時，我才偶爾會使用一些，除此之外，我絕對不會說粗俗用語，這也是為了保持我對話術專家名銜的品格。

在成功學大師拿破崙・希爾（Napoleon Hill）的著作《思考致富》（Think and Grow Rich）中，作者和鋼鐵大王安德魯・卡內基（Andrew Carnegie）以對話形式，介紹人們應具備的「魅力品格」。在這本書中提到的魅力品格的第十五個特徵是：使用合宜的用語。

卡內基特別強調要節制使用粗俗用語，日常對話使用無妨，但如果可以，盡量少用，因為沒必要用那種話破壞聽者的心情。另外，絕對不要忍受他人的粗俗用語。

當我們和某人因為商業目的初次見面，且對話順利，氣氛變得輕鬆，所以我們就像平常跟朋友聊天一樣，粗俗用語滿天飛，還以為這樣做會更加鞏固彼此的情誼。其實這是失算，對方絕對不會和我們做生意。

和異性朋友交往也一樣。我們和對方交往幾個月，開始變得隨便，動不動就使用粗俗用語，對方會認為我們是沒禮貌、不懂尊重的人。

粗俗用語會降低說話者的品格。另外，不管實際人格如何，經常使用粗俗用語的人會被他人評價為沒教養的人，試問誰會有耐性和沒教養的人進行對話呢？

12

方言[5]造就冤枉的誤會

——方言心理

最近綜藝節目裡經常能看到說方言的表演者，有幾位知名主持人也會把使用方言當成自己的主持特色。方言的腔調有其獨到趣味，能讓聽的人聽得津津有味，不過我們有時候需要用到方言，有時則不然。

最具代表性的就是新聞。如果新聞主播使用特定地區的方言或特有口

5 首爾不同地方有不同的方言，類似台灣的台語。

音，會導致缺乏公信力和普及性，無法建立良好的大眾印象。此外，在報導意外事件和事故的時候，使用方言的主播可能會被誤解帶有該地區情懷進行新聞報導。

如果在慶尚道發生的事故，主播用全羅道口音報導，或是在全羅道發生事故，主播卻帶著慶尚道口音說出否定性言論，必然會影響到新聞的公共性。

在韓國，碰到正式場合時，像是求職面試、經營、協商、報告等，還是避免使用方言為佳，建立正確使用語言的樣子能給人留下好印象。俗話說：「胳臂向內彎」，我們有可能會給使用和我們相同地區方言的人留下友善評價，反之則給使用其他地區方言的人不友善的評價。我的老家在慶尚道，但我住在首爾多年，也接受過方言矯正訓練，所以說話的時候不帶有任何慶尚道色彩。

尤其是如果我們使用口音很重、很難聽得懂的方言時，會造成溝通障礙。有一次我參加韓國全國講師會議，一閉上眼睛，就到處都能聽到各地方言和地方色彩鮮明的語調。

那裡面，有一名新人講師濫用方言粗話，過於突出的方言變成了問題。那位講師和另一名老家在首爾的講師在談天，本來聊得好好的，來自首爾老家的講師忽然大發雷霆，原來是因為新人講師無心濫用了方言，結果造成首爾在老家的講師誤會。

「你和我第一次見面就罵我嗎？」

聽不懂的方言和方言粗獷的語調造成老家在首爾的講師的誤會，在一旁的我很清楚新人講師沒罵人，便幫忙向首爾講師解釋。

不過他們兩人一不小心就越吵越兇，還動了手。這件事的起因是因為新人講師使用了方言，他應該要考慮到當下是全國講師聚集的正式場合，應該注意語氣才行。

這種事在我們身邊並不少見，好比首爾岳父很有可能會因為慶尚道女婿的口音產生誤會。

最具代表性的例子就是慶尚道方言「請喔」，意義是「您請吧」，可是如果首爾岳父沒聽清楚這句話，慶尚道女婿說這句話的瞬間，可能反而會被岳父當成是說話沒禮貌。忠清道的「請呦」也是一樣，忠清道的「請呦」聽起來可能會令人覺得有些輕佻，會降低別人的信賴感。

在濟州島，濟州方言會喊爸爸為爸啊（아방）、媽媽為媽啊（어멍）、奶奶為奶奶啊（할망）、爺爺為爺爺啊（하르방），如果不是濟州當地人，這種方言稱呼方式會使對方覺得自己被貶低了。[6]

另外，和異性第一次見面的時候少用方言為佳，因為口音強烈的方言會讓對方覺得自己沒有得到應有的尊重。如果已經使用方言上癮了，那麼應該有意識地表現出：我很努力使用韓語標準語和展現良好禮貌，那麼即使不能說出完美的韓語標準語，但僅憑努力就足以讓異性產生好感。

方言最大的問題就是被人誤解成沒禮貌，全州地方法院因意識到問題的嚴重性，就要求民眾投訴部門禁用方言。全州地方法院本身位於愛使用方言的地區，但他們也認同使用方言會造成沒禮貌的錯覺。全州同鄉之間在正式場合碰到也會避免使用方言，因而在商業和業務等正式場合最好不要說方言。

6 以上兩段舉例涉及韓語發音語調差異。

13 選詞選得漂亮，說話也漂亮

——詞彙量指標

「我想把你的誠實做為他山之石。」

「要達成就業目的，就得日夜不懈地學習。」

「你的髮型跟上個禮拜有差別呢。」

這些都是我們經常聽到的話，但總覺得哪裡彆扭，仔細一聽，都不是正確的用法。第一句的四字成語「他山之石」用錯了，他山之石意指「即便是別座山上的無用石頭，到我這座山來還是可以被我用來打磨玉器」，也就是說，哪怕是言行舉止不足以成為模範的人，也能對我的人生有所助益。第二句錯的是「目的」，目的是名詞，意指「為了實現某事而要做的事或要前往的方向」。第三句錯的是「差別」，差別是形容詞，代表「和實際上的有所偏差」。

這三句話應該這樣改才對：

「我想把你的誠實做為借鏡。」

「要達成就業目標，就得日夜不懈地學習。」

「你的髮型跟上個禮拜不一樣呢。」

第一句的「借鏡」表示「借他人言行做為參考或警戒」；第二句的「目標」表示「為實現某個目的而尋求的對象」；第三句的「不一樣」代表「兩個相較不同的對象」。除此之外，還有很多容易搞混的詞彙。

「老師，祝您今年健康。」（선생님, 올해 건강하세요）

「把難易度降低了。」（난이도를 낮췄습니다）

「祝您成為美好的一天。」〔좋은 하루가（ga）되세요〕

第一句的「祝您今年健康」中，形容詞和命令型、勸誘型不能一起使用，應該要說「老師，祝您今年過得健康。」（선생님，건강하게 지내십시오）；在第二句話中「難易度」是錯誤的用法，由於「難度」指的才是困難的程度，所以應該是「把難度降低了」（난도를 낮췄습니다）；在第三句話中，「一天」不能被當成主詞使用，因此要刪去助詞「가（ga）」，改成「祝您度過美好的一天」（좋은 하루 되십시오）[7]。

除此之外，日常中還有很多不正確的詞彙使用法，這歸咎於說話的人的詞彙量不足。和一個人講幾分鐘話，就可以知道那個人的詞彙量豐富或不足。不管在哪一個領域活動的人，平時有空就該多看報紙和書本，才能在各種狀況下選用合宜的詞彙。通常學歷越高、文化生活水準越高者，詞彙量就會越豐富。

除了容易疏忽增加詞彙量之外，也有不少人詞彙量貧乏而不自知。和這些人打交道，有如和牙牙學語的孩子講話一樣，令人感到鬱悶，這些人當然也無法給他人留下好印象。舉例來說，有人一天會說好幾次這種話：

「尬電。」

「真假？」

「帥喔。」

不要千篇一律使用這一類的流行用語和口頭禪，要多替換詞彙才能準確表達自己的情緒。比方說，可以用「我的天」、「是這樣的嗎？」替代「尬

7 以上這一段涉及韓文文法，與中文文法不同。

電」；用「是真的嗎？」替代「真假？」；用「非常優秀」、「真是帥氣」替代「帥喔」。用這些話回答，會讓人看起來較為莊重。

「詞彙就是教養本身。」

豐富詞彙量且正確使用詞彙的人會顯得有教養，反之，則會顯得沒教養。如果我們和人對話的時候，總是使用不正確且重複相同的詞彙，那麼會怎麼樣呢？那麼就會被貼上沒教養之人的標籤，從而出現溝通不良的情況。如果我們不想造成對方的誤會，就要正確運用詞彙，並多豐富自己的詞彙量。

14 光是發音正確就能提升好感
——矯正發音的效果

我時常參加大學生的發表審查和求職人士的面試，在我聽他們發言的時候，我很重視一件事——語尾發音。韓語和其他語言不同，韓語的語尾發音有自己的規則，因此經常準備報告和求職面試的學生應該要好好掌握這件事。在審查和面試場合，光聽語尾發音馬上就能知道說話的人的水準高低。

假設有個人發表下面這段文章：

「據說韓國每戶家庭平均負債為五千九百九十四萬韓元，各位知道有負債的家庭占家庭總數的百分之多少嗎？十個家庭中足足有六到七個家庭負債，如今韓國家庭債務已嚴重影響到國家經濟。」

我會特別注意「債務」（빚）的語尾發音，要發「biji」（빚이）或發「bijeul」（빚을）才行。每一個「bi」（비）後面都要加子音「ji」（ㅈ）才對。要遵守這一點並不簡單，有很多人都會犯發音上的錯誤。

「據說韓國每戶家庭平均負債（bisi／비시）為五千九百九十四萬韓元，各位知道有負債（bisi／비시）的家庭占家庭總數的百分之多少嗎？十個家庭中足足有六到七個家庭負債（bichil／비칠），如今韓國家庭債務（bicheun／비츤）已嚴重影響到國家經濟。」

不少人的發音是這樣的。不清楚內容的人單純聽到這段話，如果聽到「bisi」（비시）會誤把「債務」（빚）當成「梳子」（빗），並且把「bijeul」（빚을）和「biji」（빚이）當成「bisi」（비시）和「bichil」（비칠）。不

管那個人口才再好，一旦被專家發現一個發音錯誤，自然會對那個人的形象扣分。8

大部分的人會投入大把時間，想把英文發音練到像母語人士一樣好，相形之下，大部分的人都疏忽我們的母語韓語發音，認為用基本時間練習韓語發音已是綽綽有餘。

我們的日常生活中不乏出現錯誤發音的情況。比如說，在戀人之間創造甜蜜氣氛的對話卻發音錯誤，有可能感動立刻減半。

「親愛的，我會在你身邊守護你。」

「親愛的，我會待在你身邊。」

正確發音是「kyeoteul」（겨틀）和「kyeote」（겨테）才對。使用正確

8 本篇內容涉及韓文文法，與中文文法不同。

發音的男友或女友聽到對方發「kyeocheul」（겨츨）、「keyoche」（겨체）的瞬間，會怎麼想？腦海中會閃過「要不要糾正錯誤？」的念頭，因此儘管是濃情蜜意的告白，錯誤的發音也會造成對方無法完全接受到那份深情。

以上我介紹了兩種特別容易混淆的發音，請注意，不是只有英文才需要正確發音，為了不讓對方曲解自己的真正實力與心意，能準確傳達訊息的正確發音是必須的。

15 手勢動作對言語的影響力

——皮諾丘症候群[9]

「我不懂為什麼客戶不相信我的話。」

「就算我吐露真實心聲，男朋友也不相信。」

不少諮商者會因為這一類的苦惱而找上我，無論他們如何懇切地傳達真

9 皮諾丘症候群不是實際上的心理學名詞，又名被笑恐懼症（geloto phobia），源自二〇一四年韓劇《皮諾丘》，劇中女主角有皮諾丘症候群，一旦撒謊，就會頻繁打嗝。

實狀況，對方也不相信。當事人說的並不是謊言，那到底為什麼會被對方懷疑呢？

事實上，說話的一方希望對方相信自己，在強調自己意見的時候，說話的一方的態度便格外重要。如果只是輕描淡寫，一味要求聽的一方給予信任，那麼聽話的一方是無法輕易相信的，反而會在心裡想「真的能相信嗎？」，而陷入深深的苦惱中。聽話的一方會留意觀察說話的一方的模樣，而假如這時候說話的一方言行不一，就會失去聽話的一方的信任。

摸鼻子是會喪失信任感的代表行為。說話的一方要求聽話的一方相信自己說的話時，因過度緊張而下意識做出的手勢，有可能被聽話的一方當成是在撒謊的表徵，務必注意這一點。實際上，美國前總統比爾·柯林頓因陸文斯基緋聞事件站在聯邦陪審團面前時，他撒謊的時候，每分鐘平均摸了二十幾次鼻子。

這種現象可以用「皮諾丘症候群」（Pinocchio syndrome）來解釋。皮諾丘症候群是一種人一旦撒謊，神經系統便會發生異常的反應，與自身意志無關，鼻子組織膨脹，因此會出現鼻子癢等各種身體變化的現象。

此外，在說話的一方說真話的時候，有很多會導致聽話的一方誤會的手勢，像是：不敢對視、視線飄移不定、眨眼睛、不斷擦汗、搔頭等各種動作，會造成言語可信度下降。

通常人們認為肢體語言的力量遠不及口頭語言力量，但實際上和一般認知的不同，前者的力量大於後者的力量。美國天普大學（Temple University）人類學系教授雷伊．博威斯特（Ray Birdwhistell）表示道：

「人用身體說的話多於嘴巴。」

簡報專家史蒂夫·賈伯斯（Steve Jobs）也是如此，他不僅擁有流暢的言語表達能力，也精通肢體語言。簡報的目的是為了說服聽眾。史蒂夫·賈伯斯每次都會攤開手掌，以強調自己所說的話，聽眾看到他的樣子，對他的話產生了信任感，從而購入蘋果智慧型手機。

辯才無礙的生意人、講師、活動主持人也會有做出錯誤肢體動作的時候，只需要小心以下四種肢體動作，就能說服聽眾相信自己說的話是真話。

1 ─ 把手插在口袋裡

講師在演講時會不經意地把手放進口袋，當我們看外國電影時，會覺得這種模樣很帥，不過在韓國並非如此。這種動作會引起聽眾的警戒，不管多麼真切生動地說話，聽眾也只會陷入沉思：

「這個人是不是太傲慢了？」

2－不停地摸東西

人在緊張或沒自信的時候，時常會出現這種舉動。假設一位顧客和銷售員約在咖啡廳見面，銷售員不停地摸手機、摸筆記本、摸車鑰匙，那麼顧客對這位銷售員並不會有好印象，而是會這樣想：

「跟這個人簽約真教人不安。」

3－雙手抱胸

這代表不接受對方的意思。我們和某人談話，若下意識雙手抱胸，表示帶有防禦感，不想開誠布公地談話。雙手抱胸的人不管話說得多麼真情實意，聽的人會這樣想：

「什麼跟什麼啊，這個人好像很頑固，想法很消極。」

但要注意的是，微笑地自然抱胸的行為，是親密感的表現。

4－過遠或過近的距離

動物互動的時候經常保持一定距離，人也是一樣的。人類有四種「人際距離」，第一種是親密距離，約零到四十五公分，這是異性之間、母親和小孩的距離；第二種是個人距離，約四十五到一二〇公分，這是朋友、熟人之間的社交距離；第三種是社交距離，約一二〇到三六〇公分，這是工作關係的距離；第四種是公眾距離，大於三六〇公分[10]，是講師和聽眾、舞台上的歌手和聽眾的距離。

我們和現在正在談話的對象要適當保持這四種人際距離之一，對方才能對我們產生好感，專注聽我們說話。

16

無靈魂的回應會導致眾叛親離

——從眾效應

「喔～」

「哇～」

在綜藝節目上，當某位嘉賓說出某些特別台詞的時候，一旁的表演嘉賓會發出這種聲音幫腔、作出反應，讓節目能順利進行，順便衝收視率。

10 原文出現兩次一二〇到三六〇公分，第二次的一二〇到三六〇公分應是打錯了。

節目表演嘉賓有時會說出自以為很特別的話，不管是風趣幽默的台詞、吐露不為人知的背後故事，或是讓人吃驚的事情，但如果旁聽嘉賓沒給予反應，說話的嘉賓就會失去說下去的動力。

相反地，假如旁聽嘉賓適時作出反應，說話的嘉賓就會更有興致，想吸引更多的關注而說出更多有趣的內容，收看節目的觀眾也會看得更津津有味。

李錦姬（이금희）是很擅長作反應的新聞主播，能和任何嘉賓暢談。她的秘密武器不是別的，正是她對嘉賓的話作出的真誠反應。

「我到現在還是會因為兒時創傷而感到痛苦。」

「天啊，原來有過那種事。」

「我這次歐洲旅行有去大英博物館。」

「哇嗚，去了覺得怎樣？」

嘉賓開口，李錦姬主播一定會附和嘉賓，鬆懈嘉賓的警戒心，打開話匣子。有句話說：「反應是對話的潤滑油。」從心理學角度來說，作出反應會產生從眾效應，又稱阿希效應（Asch effect）[11]，意指和自己的意見無關，只是遵從了他人意見的一種現象。

不過即使聽話的人作出反應，有時也會產生反效果和問題，因為說話的人感覺不到聽話的人真心附和與關心。讓我們來看看會造成問題的反應事例：

太太跟先生說話時，先生的視線卻鎖在電視上。

11 原文寫 Ash effect，應是誤植。

「老公，我的髮型好看嗎？」

「嗯嗯，好看。」

上司和下屬聊公事，下屬的視線固定在電腦上。

「這次的項目是我以身作則，自願接下的。」

「啊，原來如此。」

客戶對醫院諮詢台員工抱怨，負責的員工瞥了顧客一眼，然後回答。

「人太多了，等得很累。」

「這樣嘛，請再多等一下。」

沒有靈魂的反應會被說話的人曲解成拒絕之意，若我們想和他人順利對話，就要作出蘊含真心的反應才行。真心反應能使對方成為我的朋友，無靈魂反應則會使對方成為我的敵人。

17 如果有人說「我話還沒說完」

——對話的一二三法則

電視購物節目有很多有趣的商品，若說刺激消費者商品消費方面，說有八成功勞來自介紹商品的電視購物節目主持人也不為過。在無數的電視購物節目中，我一定會收看銷售額超過數千億韓元的明星電視購物節目主持人的主持，透過節目對話，找出值得我學習與需要改正的地方。

不是人人都能當吸引觀眾耳朵的明星電視購物節目主持人，但即使是這種等級的主持人，也偶爾會出現瑕疵。能言善道的他們，會因為想在時限內多介紹商品而犯錯。

一般而言，一個電視購物節目會有兩、三名主持人，由資深主持人主導節目流程，一位新手主持人按節目劇本介紹商品。碰到節目時間不夠的情況，資深主持人會中途插話，算準節目結束時間。

「這次的冬季新品特別著重保暖設計，看這裡就知道……」

「好的，仔細聽過介紹了，那麼我想告訴大家我穿這件衣服的感想，這件衣服的材質特別……」

我不是不懂資深主持人的心情，做為有節目經驗者，資深主持人不過是想掌握好時間，但是比節目時間更重要的是觀眾的觀感。沒人會喜歡打斷商品介紹的人，觀眾勢必會給予負面反應。

「幹嘛打斷別人說話？真沒禮貌。」

「什麼跟什麼啦，我在聽商品介紹，怎麼可以打斷介紹啦。」

「嘖，這種爛節目不要看了，看其他購物節目吧。」

能言善道的優秀主持人也逃不過觀眾的審判，無論如何，打斷別人的話絕對不是好的對話態度。日常和職場也一樣，能言善道的人會犯下的錯誤就是打斷別人的話，試圖插話，並找諸多藉口解釋。

「我已經知道你要說什麼了。」

「沒時間了。」

就像我前面說的資深主持人一樣，這是絕對不能合理化的錯誤對話習慣，這無異於瞧不起對方，不打算溝通的意思。雖然內心想尊重對方、好好溝通，但實際上只會引起對方的誤會。如果對話的對象跟你說這種話，那麼你們的對話必然會出現誤解。

「不好意思，我話還沒說完。」

為了不打斷或插入對方的話，或者為了避免插入他人的對話中，破壞對話氣氛，我們應該怎麼做才好呢？「對話的一二三法則」可以幫得上忙，性急的人會需要這個法則。

1 自己只說一分鐘的話

2 聽對方說兩分鐘的話

3 花三分鐘附和對方的話

第三章

我說的話代表「我的心理」狀態

18 包裝自卑的過度謙虛

——自我認同

我們從小就被教導謙虛是美德，正如常言道：「越是成熟的稻穗，越懂得彎腰」、「一個不懂謙虛的人會帶給人壞印象」、「謙虛是人際關係中的必備品」。這一類的話聽多了，使我們謙虛成習慣。但謙虛也需要懂得拿捏分寸，無論什麼事，過猶不及都不可。我一直這樣子強調：

「對話過度謙虛不是美德，堂堂正正地陳述自己的優點和意見，認可自己的優點，不要猶豫表達自己的想法，不要以為否定自己的優點、不表達自己的想法就是謙虛，這種態度反而會引起對方反感，影響溝通。」

有一個故事是關於一個因為過分謙虛而錯失心愛女人的男人。這個故事出自法國舞台劇作家埃德蒙・羅斯丹之手。有一個叫西哈諾・德・貝傑拉克的名劍客暨詩人，他愛上一個叫羅珊娜的女人，卻因自卑而不敢出現在她面前。後來他寫下的情詩促成了羅珊娜和他的好友的姻緣，隨著時間流逝，面臨死亡陰影的朋友找到了他，說：

「我會和羅珊娜相愛，都是因為你寫的詩，所以你快點去向她告白吧。」

但西哈諾沒自信，又這樣過了十四年，直到死前才向羅珊娜告白，最終他沒能實現他的愛情。西哈諾終其一生都被包裝成謙虛的自卑所困，無法向心愛的女人敞開心扉，和她說話。

這種情況在我們身邊並不少見。我和某位企業家夫人見面的時候，那位夫人的外貌和打扮都非常地時尚美麗，我一見到她就讚美她道：

「您的皮膚就像二十多歲的人一樣，衣服也很適合今秋的流行趨勢呢。」

我以為她會心情很好，但我的期望落空了。

「才沒有，我皮膚哪裡好，最近大家皮膚都很好。這件衣服是認識的人送的，我想說丟掉太可惜，就試著穿一次看看。」

聽她這麼說，我變得有點尷尬。這位夫人也被包裝成謙虛的自卑困住了，結果過度謙虛反而會讓對話對象產生不好的情緒。

在公司裡也不乏因為過度謙虛而引起誤會的情況。上司一定會把重要工作交給有能力的下屬，有一位職場上司看中一名出色的下屬，給了他機會，說道：

「這次入社考試你拿了第一名，你要不要進企劃組負責重要項目？」

「我憑什麼？我沒那麼厲害，我沒信心。」

上司提出了參加重要項目的提議，而上司真的會認為給予這樣回覆的下屬是個「謙虛的人」嗎？絕對不會。上司原本期待得到的答案是「謝謝您這麼看好我，我會努力的。」結果期待破滅的上司怕自己看走眼，改找其他職員。過分謙虛是損人不利己的行為，尤其是在職場上。

有些人動不動把「都怪我」掛在嘴巴上，在聚會上，為了附和眾意，就有可能會犯錯。有時候自己明明沒犯錯，也習慣這樣說：

「抱歉，是我有不足之處，是我錯了。」

過度謙虛只是自卑而已。不用道歉的事也當成是自己的錯，這種人只會被貼上不可信賴的標籤。美國前總統亞伯拉罕·林肯在任時會親手擦自己的皮鞋，他說：

「謙虛是天經地義的。」

不要把出自自卑心理的過度謙虛，和林肯言中的謙虛混為一談，因為過度謙虛只是把不天經地義的事誤當成天經地義罷了。

19

讓心情也變化無常的「好像」

——減少不確定性與人際關係

「好像全力以赴了。」

「你好像有不錯的成果。」

「以後好像會做得更好。」

這些話的共通點是「好像」。我們時常聽到「（什麼什麼）好像了……」或是「好像會（什麼什麼）」，大部分的人認為一天至少會說到一次「好像」，這種習慣用法沒關係嗎？

「好像」可以用在推測，或預想，或是出現不確定情況的時候，但很多人在不該用「好像」的時候，也任意濫用。上面的句子可以改成這樣：

「全力以赴了。」

「你有不錯的成果。」

「以後會做得更好。」

這樣子說不是更簡潔明瞭嗎？刪去曖昧的推測性語氣，能讓語意變得明確。人們之所以會濫用「好像」，是因為對自己的話沒有信心，或覺得無可無不可的曖昧態度，或語無倫次，所以很多時候，人們在表達意見時老是愛加上「好像」，模糊掉自己的想法。

這種說話語氣會影響到自身印象，同時也會造成對話障礙。某人說話老是加上「好像」、「似乎」，誰會相信這個人是個有責任感的人，會信任他呢？要是一個男人對女友說：

「親愛的，妳今天好像很漂亮。」

「妳好像是聚會的人之中最漂亮的。」

女友會在意男友用詞，開始懷疑男友話中有話，「什麼啦，真的漂亮就說漂亮，為什麼要加『好像』？是隨便說說的嗎？」男友要準確說出：「妳是今天聚會的人之中最漂亮的。」「好像」也是職場的絆腳石，來看看一個上班族和他的上司的對話吧。

「辦公室氣氛好像不錯。」

「這次的文件我好像做得很好。」

這名上班族會因為不確實的態度，很難取得上司的信任。他要確實表達自己的立場，「辦公室氣氛不錯」、「這次的文件我做得很好」，才能保持與上司順暢的溝通。

《今日我們是富人》（Today We Are Rich）的作家蒂姆．桑德斯（Tim

Sanders）[12]指出，說話不要沒有自信。

「最好不要使用讓人看起來沒自信的表達方式，這一類的表達方式將使對話陷入僵局，雙方只會停留在無意義的對答中。沒自信的人，就算和成功人士對話也會一無所獲。」

據蒂姆．桑德斯所言，沒自信的人經常使用「好像」、「大概」、「也許是」這一類的推測性單詞，但這種話會加強自己的優柔寡斷。在對話中，語無倫次會阻礙交流，唯有自信地表達自己的意見，才能和對方順利交流，心靈相通。

12 尚無中譯本，書名與作者名為暫譯。

20

把責任推卸到別人身上的「隨便都好」

——依賴型人格障礙

「金代理，你喜歡哪道菜？」

「隨便都好。」

這是職場午餐時間的常見對話。上司打算尊重員工的意見去挑選菜色，但如果員工說「隨便都好」，上司會怎麼想呢？

在過去權威主義的垂直企業文化中，員工禮讓選擇權是理所當然的，員工豈敢當著上司的面挑菜色、選料理，那會顯得頑逆不遜，上司會問也只是基於表面禮貌罷了。

最近時代不同了，大部分的公司都非常重視員工們直率提出的意見，對於沒意見、回答「隨便都好」的員工，不僅不會被上司看好，還有可能被誤會。

「這個人，看起來像有責任感，但原來不是，這個也好、那個也好，感覺像討厭承擔責任的人。」

情侶關係也是如此。男友和女友一起去吃美食餐廳，這時候，男友照顧女友，把菜單遞給女友問：

「妳喜歡吃什麼？」

這時候女友不能回答「隨便都好」，這絕對不是對一起吃飯的人的關懷，反倒會讓男友誤會。

「每次吃飯都說隨便都好，看電影也是隨便都好，一起逛街買衣服也是

隨便都好，妳是不是太不關心我了？是勉強和我交往的嗎？」

我曾經替一個新手講師進行演講教育，他動不動就會說「隨便都好」。我請他調整上課時間，在週末和平日中選一天的時候，或是請他挑選午餐菜色的時候，或要他選擇講課課程的時候，他總是優柔寡斷地表示：

「隨便都好。」

這位新手講師的情況非常嚴重，我勸他接受諮商，結果他說他有依賴型人格障礙。他表現出了三種特點：一個人無法決定任何事、依賴他人作出重要決定，以及害怕自己下錯決定。

根據精神科醫生所言，說「隨便都好」的頻率太高，會被判斷為罹患「依賴型人格障礙」。依賴型人格障礙患者大多是在雙親膝下長大，即便長大成人，也很難獨立行動。

這種患者無法自己下決定，有依賴他人的傾向。如果有人詢問他意見，他無法表達自己的意見，只會說隨便都好。

後來那位新手講師一面接受精神科治療，一面在演講教育中學會自信地表達自身意見，隨著時間過去，他逐漸有了改變，幾個月後他開始能明確說出自己的意見。

上司問哪一個項目好的時候、異性朋友問喜歡哪一種活動的時候、朋友問要一起去度假的目的地的時候，不要回答「隨便都好」。「隨便都好」不是照顧對方的表現，要能明確表達自己的意見，才能避免對話產生誤會。

21

都是「因為」別人的錯

——感謝包容型單詞效應

「因為那個人，事情出了錯。」

「因為梅雨季，所以遲到了。」

「因為個人因素，請見諒。」

有些人一開口就是「因為」，那是因為說話習慣會在無意識中累積。我們很難察覺自己自言自語的習慣或口頭禪，但如果意識到自己常用的語言意義和色彩，就要努力改掉這種習慣。「因為」就是把責任轉嫁給他人或環境的藉口單詞。

常說「因為」的人，一有問題就會先找藉口，這是因為想推卸責任之故。和某人見面談話，對方老是找藉口和辯解並轉嫁責任，我們會怎麼想這個人呢？一句話，對他沒好感。

我在一些中小企業當面試官。面試時，我會留意觀察合格候選面試者說話的語氣，這是為了弄清楚這些合格候選者會不會經常使用「因為」。

要是他們用這種自我介紹方式，就會被我刷掉。

「因為我的家庭環境培養了我獨立的性格，所以我學會自己解決問題，也考進了這間學校。因為我大學做過很多打工，累積了很多社會經驗，也做過很多次銷售員。因為這樣，我才來應聘貴公司的行銷部門。」

這段話出現了三次「因為」。我認為會這樣說話的面試者，不擅長承擔職場業務責任，更可能把責任轉嫁到他人身上。我經常對準備就業面試的大學生強調，要克制「因為」的使用頻率。

想要減少「因為」使用頻率該怎麼做？用「幸虧」取代「因為」就行了。幸虧是感謝並接受自己得到一切的「感謝包容型單詞」，凡是愛用這個單詞的人，事事都會顯得積極樂觀。試著把前面自我介紹中的「因為」改成「幸虧」吧。

「幸虧我的家庭環境培養了我獨立的性格，所以我學會自己解決問題，也考進了這間學校。幸虧我大學做過很多打工，累積了很多社會經驗，也做過很多次銷售員，因此對商品行銷產生了興趣。幸虧您，我才能來參加貴公司的行銷部門面試。」

怎麼樣呢？只是換了一個單詞，說話的感覺就完全變了吧？自我介紹使用「因為」會不得好感，但改成「幸虧」就能獲得好感。面試官一定不會錯過這位應聘者。

我們再來看看其他例子，例如相親人士分別用「因為」和「幸虧」來訴說自己的事情。

1—使用「因為」

「我從事現在這份工作是因為年齡關係，因為學生時期非常徬徨，所以浪費了很多時間。還有不久之前，我因為錢的問題發生了不好的事。」

2—使用「幸虧」

「幸虧我有很多不同領域的資歷，才得以從事現在這份工作。幸虧了我的個性，所以度過了很輕鬆的時間。幸虧之前的小額理財經驗，我學到了很多東西。」

內容相差無幾，不過1.的內容充滿了消極感，但2.的內容相對積極。人們會對積極開朗的後者抱有好感，願意進行下一次約會的機率也較高。

我們說話的時候要克制自己，少用「因為」，免得招致誤會，引起他人反感。建議大家多用「幸虧」取代因為，如果真的很難徹底戒掉「因為」，那就試著把兩者的使用頻率調到一比三，也就是說一次「因為」之後，就得說三次「幸虧」。

22

不是「錯了」是「不一樣」

——二分法思維

我「媽媽瞧不起我，老是說我錯。」

「職場上司到處挑我毛病，我太累了。」

怨聲載道的人屢見不鮮，但我實際和他們見面諮商後，才知道媽媽和上司並沒什麼大錯。媽媽不是因為討厭孩子，職場上司也不是因為嫉妒職員才故意教訓人的。

不過是批評者的對話方法出了問題。這次找我進行諮詢的是一位男高中生，他媽媽是高中教師，所以平常說話時也改不掉硬邦邦的教訓口氣，兒子就覺得媽媽瞧不起自己。舉例來說，高中生兒子邊看電視新聞邊評論，母子間的對話會是這樣。

「媽媽，只有修改日趨白熱化的大學入學考試制度，韓國的教育制度才能正常化。」

「你懂什麼？你錯了，好好念你的書，考進一所好大學。」

另一位女性上班族則是因為男上司一天到晚指責她，造成她很大的壓力。有大男人傾向的男上司帶著偏頗視線看待她，再加上語氣的關係，使得兩人之間的對話出現問題。

「部長，穿褲子不但方便活動，還能提高工作效率。」

「妳這樣想就錯了，女人怎麼可以在公司穿褲子？我常叫妳少吃一點飯，吃這麼多，看了就討厭，小腹都跑出來了。還有，為什麼上班要化大濃妝！」

媽媽絕對不是討厭兒子，男上司也絕對不是討厭女職員，他們只是養成了錯誤的對話習慣。通常能言善道的人會有這樣的誤會。

「我口才很好，要想說服別人易如反掌。」

所以這類的人見到每個人不主張自己的立場就不甘心，一定要把對方引導到自己的觀點上，才會安心，也證明了自己口才卓越。但是，這是誤解。

我在諮商和講課的時候總是強調：

「對話的目的不是說服，而是理解和共感。」

對話不是為了說服，而是為了理解和共感對方的想法，不必要因為對方不接受我的觀點就感到失望。無法把自己的主張灌輸給對方，或未能說服對方而感到失望的人，無異於銷售員。銷售員會把說服當成對話的目的，那也是他們存在的理由。

習慣說「錯了」，帶給兒子壓力的那位媽媽，還有造成職員想離職的上司，我希望他們能改變說話習慣。當孩子批評韓國教育制度的時候，媽媽要這樣回答：

「原來你是這樣想的啊，我的想法跟你不一樣，不過你會那樣想也很正常。」

如果上司希望女職員穿裙子上班，就應該這樣說：

「我會從提高工作效率的角度考慮一下妳說的話。」

想進行有建設性的對話，就要避開單方面說對方錯了，讓對方感到不開心，謹慎選擇語氣。換位思考吧，哪有人老是被說錯會高興？一說話就說對方「錯了」，反而會嚴重妨礙雙方的溝通。

23

拋棄習慣性「否定」——心理安全裝置

「不是那樣的……」

「……不行。」

這是某些人的口頭禪。這些話的特性是帶有否定性，被稱為「否定詞」。當然，「否定詞」的反義詞是「肯定詞」，但為什麼有人會不愛說肯定詞，卻愛說否定詞呢？

原因有兩個。首先，這種人對於每件事都抱著消極的心態，一樣的情況下，只看得見不好的那一面。看到裝有半杯水的玻璃杯，就會用否定的語氣說：「水只有一半。」而不是說：「水裝滿了一半。」經常說否定詞的人在和他人建立關係的時候，總是習慣先看負面，然後再用否定詞表達自己的想法。

其次，經常說否定詞的人會有防禦心理，就算是「要做（某事）」也會使用「不是不做（某事）」的否定說法，建構好心理防禦措施。比方說，雙方在曖昧期，某一方想確認感情關係，另一方偏偏是有防禦心理、愛說否定詞的人，那麼兩者之間的對話會是這樣：

「你愛我嗎？」

「不是不愛。」

含有否定詞的不明確回答容易招致誤會，這是因為答案不是非黑即白的，還帶有許多別的色彩，不是不愛會給人「我沒那麼在乎你，我對你是另一種感覺，雖然對你好奇但未必是愛」等等感覺。

某一家教育企業代表請我去諮商，他花了很多時間和職員相處，也提供員工優渥福利，但據說他和職員之間的關係並不融洽。我請那位代表錄下他一整天的公司對話。

幾天後，我和那位代表一起聽了錄音檔。那位代表被錄下的內容用了許多「不行」、「不要這樣做」、「不是那樣」一類的否定詞，明顯造成聽話的一方不好的印象。我指出問題點道：

「代表，您的口才很好，只是對話時習慣使用否定詞，會給聽話的人負面印象。否定詞會傷害對方的心情，您最好少使用否定詞。」

以下是人們常使用的否定詞：

不／不是／不能／不要／不要那樣／雖然如此／不是的／辦不到／不可以／可是／不是那樣的／做不到／不做

假如我們希望避免對話有誤會，就要克制使用否定詞。消極的人吐出的否定詞會傷害對方的心情，並且會讓自己的意見無法清楚傳遞給他人。

24 冗長的話讓有意義變得沒意義——十五秒效應

「滔滔不絕就是能言善道嗎？」

我會問我的課程學員和諮詢者這個問題。有一種人一開口說話就停不下來，其他人會不由自主地讚美：「怎麼那麼會說話？」這其實是誤會。語言的目的是共感和溝通，不是傳達片面主張或單方面意見，說一些無用之言。無用之言會成為溝通障礙，因為人們沒有那麼多閒工夫，不喜歡浪費時間在無用的談話上。

據專家所言，人在談話的時候只會專注聽對方說話十五秒，不會投資更多的時間去掌握對方說話的要點。無論多有好感或多有權威的人說話，也只忍受得了十五秒而已。

如果人在十五秒內判斷對方說的話能打動自己的心，就會繼續傾聽。相反地，如果判斷對方的話很無趣，就會分心，無論對方再怎麼口沫橫飛，說的事情多有趣，也絕對不會專心聽。

有一次我去了社區超市想買番茄醬，一位年輕職員向我介紹：

「這瓶番茄醬是國外很有名品牌的產品，最近電視上不是有一個出名有趣的廣告嗎？我看了覺得很有趣，您有看過那支廣告嗎？還有這個產品成分百分百純天然，其他牌子的番茄醬放了很多化學成分，這瓶番茄醬完全沒有化學成分，有益健康，養顏美容，而且也比其他品牌的番茄醬便宜，進口產品賣這個價錢真的很便宜。最近經濟不景氣，買這個產品最好了。對了，我上個月也開始吃這瓶番茄醬，我自己試過之後，果然……」

從超市職員滔滔不絕說明產品的樣子看來，他的口才似乎很好，但是真的有效果嗎？他的說話內容不全是介紹產品，完全不顧聽話的人的立場，給了我不好的印象，職員說話說到一半，我已經走神了。

除了番茄醬，我還有很多要買的東西，沒空聽他說，等他一說完，我立刻尷尬起來：

「等等，剛才那個職員是怎麼介紹這瓶番茄醬的……」

如前所述，每個人都只能集中在對方的話上十五秒，因此，介紹番茄醬的職員必須概括自己要說的話，才能立刻吸引消費者的注意力。我們試著把超市職員的長篇大論精簡看看。

「這瓶番茄醬有三個優點，第一是由外國知名品牌生產，第二是它是天然產品，第三是物美價廉。」

像這樣簡單明瞭，就能在十五秒內向顧客傳達明確的訊息核心內容，快速實現職員和顧客之間的溝通。

談話節目帝王賴瑞．金談到了知名演講的共通點：

「有一句話總結了偉大演說家們共同遵守的原則，那就是『KISS』，意即『Keep It Simple, Stupid』（保持簡單，傻瓜）。」

獲得金氏世界紀錄認證的全世界第一名汽車銷售員喬．吉拉德，他說自己的銷售訣竅是：

「傾聽顧客之言，然後簡要說明。」

25

想被關心，而不是被監視的心情

——霍桑效應

「快點念書。」

「多給我一點時間。」

「這禮拜把項目結束掉。」

上述都是指示或命令的語氣。這些話在父母和子女之間、戀人關係之間、職場上司下屬之間不在少數。說這種話的人對自己的語氣不甚在意，只求對方服從自己，但聽的人會覺得這種語氣很專制。

我寫關於育兒對話的文章時，見過不少使用命令型語氣的父母。對爸爸媽媽來說，孩子是常犯錯闖禍的存在，所以不知何時父母開始使用單方面指示型或命令型語氣。專制語氣當下能得到效果，不過時間一長，會產生副作用，因此我在親職諮商時總是強調：

「因為自己的心急，用『這樣做』、『我叫你這樣做了吧』的命令型語氣會引起反彈。父母用從容的態度和孩子進行對話，好比說『我會看著你』、『我會關注你的狀況，知道吧』會比較好。孩子想到有人在關注自己，就會自動自發。」

青少年和成年人也一樣，不管是誰，被某人指示、命令，要求乖乖聽話，一定會產生反抗之心。無論說話的人語氣再好，聽的人也不會欣然聽從安排，會認為說話的人頤指氣使，很像是瞧不起自己。這時候有效的話是——「我會看著你」。

一九二四年美國西部電氣公司代表向哈佛大學喬治．埃爾頓．梅奧教授諮詢：

「工廠換上更亮的燈泡，生產效率不是應該增加嗎？可是生產率只是暫時提高，沒多久就恢復原樣了，我要怎麼做才能維持高生產率呢？」

埃爾頓．梅奧教授在霍桑工廠進行研究，發現了奇怪的事：不管工廠明亮或昏暗，生產率都提升了，還有就算把工廠全部弄暗，生產率一樣居高不下。經埃爾頓．梅奧教授採訪工人後，揭曉了高生產率的原因。

「我們知道有名大學的教授來工廠進行實驗，想到有有名的教授在看著我們，心情就很愉快，為了讓實驗得到好結果，不管在什麼樣的工作環境下，都很認真工作。」

這正是所謂的霍桑效應。當事人知道有人在關注自己的時候，會有意識地改善自己的行為或提高工作效率。埃爾頓．梅奧教授表示，心理條件會比物理條件更有效提高生產效率。

霍桑效應不僅適用職場，也適用家人、戀人關係等所有親近的人際關係。改善環境或鼓勵，都只有暫時性的效果，一個弄不好還會引起反感。父母要求孩子念書的時候、情侶要求對方多花時間陪自己的時候、職場上司要求下屬這個禮拜結束項目的時候，這樣子說會更有效：

「我會看著你認真念書的模樣。」

「我會看著你有沒有多給我一點時間。」

「我會看著你這個禮拜能不能結束項目。」

26 拒絕不了請求——好孩子情結

「職場上司拜託我，我拒絕不了。」

「老是因為無法拒絕朋友的要求，覺得壓力很大。」

為了無法拒絕他人請求而苦惱的人並不少見，這些人的共同點就是被評價為心軟善良，所以一想到有人相信自己，提出拜託的時候，不管拜託什麼，他們都不好意思拒絕。

一味接受他人請求並不是事事都能做得好，時不時忙於處理他人的請求，會導致自己的日常與工作變得一團亂。

為什麼無法輕易拒絕請求呢？這種心理因素稱為「好孩子情結」[13]，意思是小時候被教育要成為善良的人，所以長大成人也無法直率表達自己的情感，有壓抑自己的傾向。在心理學中，好孩子情結是兒時為了不被父母遺棄而產生的生存防禦機制。

與此同時，許多人從小對這一類的話耳熟能詳，那就是「你要成為善良的人」、「要善良才可以」，由於不正常的教育，到了長大成人之後，這些人也抑制自己的欲望去應對別人的請求，並認為這樣做才對，最後養成了無法拒絕請求的性格。

上班族對職場名聲很敏感，很多情況下無法輕易拒絕上司的請求。另

13 Good boy syndrome，又名 Good child syndrome、Good kid syndrome。

外，也有些人因為各種理由無法拒絕異性的告白，嚴重時，會因為無法好好拒絕，導致日常生活陷入困境。為了不落到這種地步，我們必須養成勇於拒絕的習慣。韓國心理學家朴秀愛在自己的著作《拒絕不了的我一定出了問題》（거절 못하는 나는 분명 문제가 있다）[14]中提到：

「拒絕可以減輕無謂的約定帶來的壓力。遵守約定伴隨著心理壓力，如果我們總是作一些瑣碎的約定，並努力去遵守，最終會對連小事都要提出要求的人感到煩躁，到了關鍵時刻就無法樂意助人。成為好人的鑰匙是要自己樂意。另外，想讓自己安心的方法，不是不加節制地說『Yes』，而是適當地拒絕。」

除了適當拒絕外，還有一些問題。拒絕他人可能會讓對方沒面子，或讓對方受傷。假如拒絕得不得要領，會導致自己和對話當事人的關係破裂或其他負面後果。拒絕他人要求時，注意以下三點，就能實現明智的處世之道。

第一，不要表現出漠不關心的態度，或用非言語方式迴避問題，因為這樣很有可能會讓對方感覺被無視。

第二，不要委婉地表達，或予以不明確的答覆。如果不明確地說「好」、「不好」，對方很可能按自己的意思去詮釋答覆，也就是說，很可能誤以為獲得了承諾。

第三，不要藉拒絕之便指責對方。拒絕應有適當的理由，不要利用對方的弱點，責備對方或提起對方的錯誤。

此外，如果在職場和日常生活中，不想引起對方不必要的誤會，就一定要遵守以下三階段。

第一階段──第一次接受請求時，給予肯定評價

這是為了不讓對方感到丟臉，舉例而言：

14 無中文版，書名為直譯。

「看起來是很重要的事。」

「拜託了我這麼重要的事……」

第二階段—具體說明拒絕的理由

只有了解不得不拒絕的理由，對方才能接受，舉例而言：

「這個禮拜行程很滿，沒時間。」

「週末要和家人去旅遊。」

第三階段—提出備案

即使拒絕也不要讓人際關係破裂，這次拒絕了，但給出下次機會吧。舉例而言：

「我下個月時間很多，下個月來找我吧。」

「我認識處理這種事的專家，要不要我介紹給你認識？」

第四章

安全著陸在「對方心靈」的方法

27 被與我相似的人吸引是理所當然的

——相似法則

有一位鼎鼎有名的保險大王，她原本是沒有社會經驗的全職家庭主婦，丈夫一失業，她就上前線謀生計。她剛從事保險業務員沒多久，便力壓有名的保險業務員，創下全國第一業績。我問她有沒有特別話術竅門：

「賣保險商品的時候，有對話訣竅嗎？不管跟什麼樣的客戶對話，妳是怎麼辦到不被客戶拒絕的？」

「我沒有特別的話術，我只是喜歡和人見面，引導對方進行沒壓力的對話而已。」

她傳授的秘訣很簡單。

「喜歡一個人會變怎樣呢？會變得和對方相似吧？想讓初次見面的客戶喜歡上我，只需要反過來利用這個道理就行了。也就是說，和對方相像，就能讓對方喜歡上我。」

推銷對話的秘訣就是心理學上說的「相似法則」，尋找和談話對象相似之處，以此提高親切感與好感。有句話叫「物以類聚」，我們會自然而然地喜歡上和我們相似的人，或有類似興趣的人。每個人都會被和自己相似的人吸引。

保險大王和客戶見面的時候，會先引誘客戶談興趣所在，進而利用相似的事或關心的事進行對話，比方說：

客戶：昨天我爬了雞籠山，全身舒爽通暢，心情也好。

保險大王：看來您喜歡爬山？我也常常去爬山，有空就會去爬北韓山。您身體這麼健康，都是因為常爬山的關係吧？看起來比我還年輕有活力。

客戶：啊，是嗎？被說年輕真開心。遇到登山同好，聊天就是特別愉快。

保險大王：我也很喜歡和您聊天。

像這種找出雙方共同點的對話，對打開對方的心扉很有效果。有一位叫伊凡斯的心理學家以保險業務員為對象進行了一個實驗。

一位業務員穿上和客戶類似的服裝，做出和客戶相仿的手勢，相反地，另一位業務員從穿著到慣用手勢都和客戶截然不同。接著，伊凡斯請兩位業務員向客戶推銷保險商品，出現了非常不一樣的結果——前者的簽約成功率更高。

實際上，說來奇怪，有些人在第一次見面時也很談得來，回溯和對方初識之時，會發現是因為自己和對方有共同點。相似之處越多，越能感到親切，聊得越起勁，比如說：關心的話題、興趣、老家、畢業學校、生活的地方、喜歡的運動、喜歡的食物、年紀、職業、討厭的行動等等。

各位想和初次見面的人積極地進行對話嗎？不難，可以利用食物尋找共同點。

「你喜歡什麼食物？」

「我喜歡泡菜鍋。」

「啊，原來如此，我也喜歡泡菜鍋。我知道有一家泡菜鍋很好吃，下次介紹給你。」

對話時最擔心的就是找不到共同點，這時不妨適當迎合對方的興趣。我們沒辦法硬插入對方的老家、職場、畢業學校等話題，不過可以隨機應變，配合對方的興趣。如果自己對高爾夫球不感興趣，偏偏對方是高爾夫球愛好者，那就盡量展現出自己對高爾夫球的興趣吧。

「我想試著打高爾夫球，要怎麼開始比較好？」
「真高興我們的興趣一樣，跟我混熟一點，包你打好高爾夫。」
無論是商業對話或日常對話，能和第一次見面的人打開話匣子，一定是雙方存在共同點，如果和對方老是雞同鴨講、話不投機，那麼很快就會散席了。這是雙方的差異點被凸顯出來，對方緊緊關上心門所致。實際上，大部分對話中產生的誤會都是因為沒找到共同點。

28

用肯定標籤取代反感標籤

——標籤效應

「我本來就是這樣。」

「你做錯事了。」

「你是瞧不起對方吧。」

有時候，人會輕易地用「好」或「不好」下定論。在建立人際關係的初期，對方做出不恰當或讓人不滿的言行時，就會被我們貼上反感標籤；等下次再見面，我們並不知道對方現在的言行是不是跟以前一樣，可我們會自然聯想起過去在腦海中儲存的負面形象。這是因為我們持有偏見，看不見人的變化，對話也會變得意見相左。

在我的講座，有一位總是會遲到的學員。遲到三次左右的他，給了我很不好的印象。

「真不認真，別的學員從沒遲到過。」

於是我和他的溝通出現障礙。我和學員們商量發表報告事宜的時候，會下意識把他排除在外。當他欣然答應發表自己感興趣的內容時，我不由自主地說出這種話：

「你這麼常遲到，我不知道我能不能放心把發表事宜交給你。」

聽了我的話，那位學員臉都紅了，說對我很失望。我事後才知道他是因為工作調到一個新單位，不得不遲到了三天，他也承諾以後不會再遲到。知道真相以後，我相當驚慌，我屢屢勸告學生們平常對話不要抱有成見，我卻荒謬地用先入為主的態度跟學員對話，甚至和他斷絕溝通。

這件事成為了契機，我醒悟到想不抱成見並不容易，並試著從心理學角度了解消除成見的方法。用什麼溝通方式能阻斷我們突然想起和自己關係不好的人的偏見，盡量促進良好的關係呢？

方法不難，那就是「標籤效應」。標籤效應指的是一個人對另一個人貼上肯定標籤，誘導對方做出與所貼的標籤一致的行為。

「標籤」原本指的是掛在衣服或商品後方的東西，也就是寫有商品說明、使用方法、成分和注意事項的姓名牌。銷售商品的公司會在標籤上填寫迷惑客戶的內容，讓客戶掏出錢包。

心理學家理查德．米勒、菲利普．布里克曼、戴安娜．鮑林的共同研究裡，證明了標籤效應。在實驗中，他們讓施測人員對亂扔垃圾的學生們說了一些正向的話，學生們開始在意起亂扔垃圾的事。

「原來你們是愛乾淨的孩子。」

我們和關係不好的人對話時，在先入為主的負面意見占據腦海之前，得先搬出「標籤效應」，這麼一來，就沒有誤會插足的機會。

舉例來說，有人用瞧不起我的態度和我說話，試著替他貼上這種肯定標籤吧，接下來對話就能變得暢通：

「你給人的印象很好，是不是因為最近遇到不好的事，壓力才這麼大。」

29

每個人都有想隱藏的地方
——自卑指標

韓非子有云：「夫龍之為蟲也，柔可狎而騎也，然其喉下有逆鱗徑尺，若人有嬰之者，則必殺人。人主亦有逆鱗，說者能無嬰人主之逆鱗則幾矣。」

韓非子用龍來比喻說服君主，難如登天，如同觸碰逆鱗般。這句話是在警告人們不要觸碰他人的自卑情結，不單單是對君主。每個人都有自卑情結，或大或小，沒人喜歡觸碰自己自卑情結的人。

有個人從名門學府法律系畢業，二十歲就通過了司法考試，三十幾歲就當上了法官。看似應有盡有，什麼都不缺的他，也有過無法向人訴說的自卑情結。

「我在貧寒家庭長大，我爸是日雇型勞工，我媽在餐廳廚房工作。小時候我覺得爸媽很丟臉，現在我很尊敬、很愛他們，但那時產生的自卑情結到現在還保留著，一聊到關於爸媽的話題，我就會心煩意亂。」

聽完他的話，我就理解了──我果然也有自卑情結。我做為年收入數億韓元的明星講師、主播、節目主持人，不過我心中某個角落仍藏著自卑感。我和其他講師們聊天，一提到「主播」，我就不自覺地激動起來。

我具有主播經歷，如今成為靠演講和對話法謀生的講師，在大眾的眼光看來，他們會覺得我更具品格。我在做為對話法講座的講師活動時，如果說我是「前任主播」也更被學員們肯定。儘管以我現在的聲望已經不需要這種頭銜，我在對話中也會盡量避開提到主播的事。

有些人並不忌諱將自己的自卑情結攤在人前，這種人會被認為是心胸寬大的人。但不是所有人都能徹底擺脫自卑情結，一般人對自卑情結都相當敏感。

此外，互相坦承彼此的自卑情結是危險的。因為人很難輕易對自己的自卑釋懷，縱使偶爾和某人開誠布公地對話，也最好避開對方的自卑情結，只有這樣才能不造成誤會，讓對話圓滿進行。

進行對話的時候，我們需要了解對方自卑情結的過程，請參考下述的「自卑指標的七種模式」，掌握迴避對方傷痛的要領。

1—針對特定的話語，對方表現出遲鈍反應的情況

說到「體重」，對方給予「啊，嗯，原來如此」這種慢半拍的反應。

2—對方像鸚鵡一樣複述的情況

「你說體重啊，體重是……」這種複述式回應。

3—對方給予不著邊際的回應的情況

「說到體重一定會想到演員金雅中」這種答非所問的回答。

4—對方露出苦笑的情況

瞬間變得無話好說。

5—對方把話題轉為玩笑或索性轉移話題的情況

「不過，我看今天的報紙，說那些偶像明星……」這種徹底轉移話題的回答。

6—對方裝作沒聽見或坐立不安的情況

因為在發呆沒聽見，不知道如何是好，所以生理出現緊張反應。

7—對方在開口之前保持沉默的情況

開口之前必須調節呼吸，控制心情

30

我人好才給忠告，你幹嘛不開心？

——自信感謬誤效應[15]

「有如明知抹蜜對傷口好，卻因傷口刺痛而排斥，又如發炎的眼睛會畏光一樣，聽聞忠言直諫，痛不可忍。」

這是《希臘羅馬英豪列傳》[16]裡的話，意味著人排斥忠告帶來的痛苦，

15 自信感謬誤效應，即鄧寧—克魯格效應，或稱達克效應。
16 Plutarch's Lives，或翻為《希臘羅馬名人傳》。

有如排斥於己有益的蜜和光。

給出忠告的人的善意往往帶給對方痛苦，特別是關係親密的人，像是父子關係、朋友關係、戀人關係。人們因為忽略這一點，弄得自己狼狽不堪。我有一次替一位大學生進行諮商，他說：

「我有一個從小學就認識的朋友，我替他著想，提出了忠告，可是他很生氣。我做錯了嗎？」

「你給了他什麼忠告？」

「我叫他減肥，他太胖了，好像會影響到健康。」

我點出了那位大學生的問題點，說道：

「你出自善意的忠告傷害到對方了。有必要說到那種地步嗎？最好在不觸及對方自尊的範圍內給予忠告。」

忠告沒我們想的那麼簡單，無意中看見對方的弱點和缺點，充滿優越感給出的忠告，會讓我們碰一鼻子灰。《論語》中提到：

「事君數，斯辱矣；朋友數，斯疏矣。」

意思是，侍奉君主，如果屢屢勸諫君主，臣下便會自取羞辱；和朋友交往，如果屢屢訓誡朋友，朋友自然會疏遠你。忠告不能過於頻繁。另外，《論語》中也說過：

「子貢問友，子曰：『忠告而善道之，不可則止，毋自辱焉。』」

可見忠告是件多麼困難的事，寧可忍一忍。如果一定想給對方忠告，要盡可能給最少的忠告，而對方沒有反應的時候，就要停止勸告。

我以溝通對話專家身分活動，有不少人請求我的忠告。他們不僅希望我給關於溝通對話的建議，還希望我給關於待人處世的忠告，把我當成醫生，希望我能開出有立竿見影之效的忠告處方箋。如果我按他們的要求，直抒己見，十有八九我會碰釘子。我自己處理的方式是，這樣子告訴他們：

「我哪裡懂這些，我懂得不多，不過是比您多花了一點時間研究溝通對話的方法，靠我所知舉辦講座罷了。」

「我懂什麼，我只是用溝通對話法專家的身分行走江湖，學過一點人際相處之道而已。」

如果運氣好，原本意志消沉的人會滿臉喜色，一改想法，不再把我視為了不起的人，反而覺得自己比我優秀。解開心結之後，他不會因為我的話而受傷，反而樂於接受我給出的任何忠告。

也有些人會要我直言不諱地給忠告，但即便如此，我也不會輕易開口。不要忘記，這些人心底真正渴望的，是有人發現他的優點，給予讚揚。以上述內容為基礎，作出有效忠告的要領有四：

1 盡可能非公開進行

當著許多人面前給忠告，會讓對方面子掃地，以私下場合進行為佳。

2—如果對方拒絕，就不要給

對方對忠告出現神經質反應時，應立即停止，不妨另待合適時機。

3—告知自己沒有能給忠告的資格

謙虛表示「我也不太清楚」，能讓對方感到優越感，改用不同的態度接受忠告。

4—別漏掉讚美

就像吃苦藥的時候要配甜的一樣，給人忠告的時候，別忘了也要關懷對方。

31 對話方式各有不同

——傾向中心對話法

有一陣子，心理學博士約翰．葛瑞的著作《男人來自火星，女人來自金星》擠進了各大書店的暢銷排行榜。那時候，美國明尼蘇達大學市場行銷與心理學教授弗拉達斯．格里斯克維西斯為了驗證約翰．葛瑞的論點是否正確，作了一個有趣的實驗。

「有三位同性別的人一起進入公司，經過三個月的試用期，其中一個人被解雇，一個人被快速升職。」

弗拉達斯教授給受測者們看了下面的句子，刺激他們的競爭心理。

「公司舉辦了派對，在派對上，一位同性別的同事把飲料灑在你身上卻不道歉，你會怎麼做？」

結果顯示，男性有很高的機率表示會揮起拳頭，反之，女性有很高的機率表示會背地報復。

有研究結果表明，女性在經濟困難的時候，比起金錢，更能從熟人的關係中獲得幸福；男性與女性相反，在經濟困難的時候仍舊追求金錢。

由於每個人的性格與傾向各不相同，所以這些研究結果並不是絕對的，不過我們還是有必要深入了解男性和女性的對話方式差異。

我有一次去一家地方建築公司，在那裡進行員工溝通法相關主題的講座。講座結束後，我和公司老闆喝茶聊天，老闆說了好幾次這種話：

「我們公司員工的溝通出了問題。因為是建築業，所以公司裡男員工居多，跟男員工講話通常很爽快，是就是，不是就不是。但是女員工就不一樣了，她們好像當面不說，習慣私底下聚在一起嚼舌根，真的很難看。所以，我和女員工之間的溝通交流出了問題。」

聽到這些話的瞬間，我認為在那家建築公司產生的溝通障礙，不是因為別的原因，正是老闆對女員工們的誤解。他忽視了一點——有時男性和女性的對話方式不同。

如果職場文化以男性為主，則對話大多會以工作為主，並且是結果導向。此外，男性大多認為閒話家常是浪費時間。相反地，如果職場文化以女性為主，對話重心會是人際關係，屬於過程導向。閒聊也好，八卦也好，女性透過人際互動的對話緩解壓力，獲得活力和工作方面的助益。

如果不能接受男女之間的差異，就會頻頻發生職場誤會。

「女人們老是廢話連篇，跟她們對話就是浪費時間。」

「人又不是專門工作的機器，男人怎麼能開口閉口就聊公事？就是因為他們只聊公事，所以造成溝通障礙。」

根據群體的傾向和性別不同，對話方式各有不同。從現在起，和異性同事、員工對話的時候，試圖理解、配合對方的特性如何？這樣火星人和金星人的吵吵鬧鬧就能劃上句點了。

32 量身定做式的學習效果最佳
——語氣模仿效應

「我和員工們溝通不良，他們有時甚至會誤會我的話。」

一位中小企業社長因為公司內部的溝通問題，特地來請教我。他曾在大型家電企業擔任高層，退休後六十多歲創業。這家公司原本事業項目繁多，直到社長看到日益壯大的化妝品市場，才決心投入化妝品市場，於是創立了化妝品公司，公司裡的員工大多是二十多歲到三十多歲的女性。

這位社長告訴員工們公司有進軍中國的計畫，提供優渥員工福利，鼓勵員工努力工作，和員工們的對話時間也變長了。他希望員工們能把公司想成「我的公司」，有意願可以長久待在公司。隨著時間的流逝，公司內部出現了一個問題，員工之間冒出了這種話：

「真奇怪，社長的口吻都好生硬。」

「社長說的話沒辦法打動我。」

社長察覺到問題的嚴重性，為了替社長對症下藥，我多次造訪他的公司，想了解他說的情形。一開始我不覺得哪裡有問題，聽了幾次社長說的話才發現問題所在。

「您好像還沒改掉以前大企業高層主管的慣用語氣，喜歡用生澀難懂的用語表達一樣的內容，並且常常教訓人。要節制這種習慣才行。還有，您公司的員工大半是女性，為了讓員工們對您的話產生共鳴，您要多效仿她們的語氣。

「對話時，員工要先理解我的話，才能接受我的話。位高權重者用字遣詞艱澀難懂，加上權威的口吻，員工很難一次聽得懂。讓員工正確理解自己意思的最好方法是，說話時學員工的語氣。」

以媽媽和孩子說話為例，媽媽要叫孩子不要把玩具放到嘴裡，這時媽媽會本能地知道怎麼說最有效。全天下的媽媽都會這樣說：

「把這個放到嘴巴，肚子會痛痛喔。」

媽媽沒有使用自己的慣用語氣，而是會根據孩子的年紀，運用孩子容易理解的語氣，孩子馬上就能聽懂媽媽的意思。

家電產品代理店員工的說話語氣也要考慮到顧客，家電產品說明書充斥複雜難懂的內容，萬一員工不管顧客聽不聽得懂，逕自照使用說明書寫的那樣，劈哩啪啦說明一大堆的專業術語，事情會變怎樣呢？對話會失焦，顧客會跑掉。

為了防止交流不順暢，說話時要配合聽話的人的傾向。如果是年事已高的老爺爺來買電視，員工應該要這樣說：

「這台電視很好操作，而且做得很實在，不會故障。要是故障，客戶維修中心二十四小時都會免費修理。」

如果是家庭主婦來買冰箱，員工應該要這樣說：

「這台冰箱是省電產品，有自動調節溫度功能，食物拿進拿出也不容易變質。而且不需要另外買泡菜冰箱[17]，下層有泡菜專用層。」

每個人都有慣用語氣，在與人溝通時，執著使用自己的慣用語氣，有可能招致對方反感。因此，根據情況的不同，模仿對方語氣表達意見，能讓對方敞開心扉，不失為一個有效溝通的好方法。

---

17 韓國家庭除了一般冰箱外，大都另有泡菜冰箱。泡菜冰箱的構造設計與一般冰箱不一樣，專為長時間放置泡菜而設計。

33 有時候多話是金——5W1H效應

「最近我和年輕員工之間的溝通過程出現差池，業務進展很不順，時間和金錢都正深受其害。」

這是某一位時尚服裝企業老闆的訴苦。這家公司的事業策略是快速供應市場，所以幾個禮拜就會推出新商品，但是工作總是出現紕漏。我和高層主管與員工們進行了諮商，很快地，我發現了問題點。年輕員工們異口同聲說：

「公司和上司覺得是我們的問題，其實不是。我們絕不是排斥或拒絕溝通，明明是上司每天都會下好幾次曖昧不清的口頭指令，我們得看上司的臉色，又不能請他重說。」

這家公司一切業務都講求迅速，不可避免地有很多口頭指令。上司同時間有多項業務纏身，要考慮的事過多，是以很多時候隨便下指令，時常發生員工們按指示進行，後來出錯，上司推翻先前的指示，反過來指責員工。

老闆和上司認定問題出在員工身上，這是誤會。業務責任和指揮大局的任務應該是上司的職責，員工們看上司臉色的程度也是有限度的。老資歷員工一看上司眼神就懂上司的意思，會自己看著辦，但新來的員工則不然，上司應該要一一給予具體指示，才不會影響工作進程。

一家超市的經理對新員工下指令，說道：

「整理商品。」

「換一下促銷文宣」。

新員工「真的聽得懂」這些指示嗎？新員工會搞不懂前一個指示指的是哪一項商品，後者的指示則不知道更換促銷文宣的時間點。如果想讓工作順利進行，經理應該這樣說：

「整理泡麵和速食飯，確認好哪些商品斷貨了，再向我報告。」

「今天關店以後，換一下促銷文宣。」

像這樣，經理給予具體指令，沒有經驗的員工就能不出差錯，按指令辦事。來找我諮商的企業主管，很多時候下的指令都很籠統。

「圖案醒目一點比較好吧？」

「走時下流行的年輕女性生活風怎樣？」

主管應該要把抽象指示改成明確詳盡的指示。

「夏季短袖T恤的圖案用黃色或紅色，比較顯眼一點。」

「最近二十多歲的女性很喜歡瑜伽生活，這次的衣服要不要做成舒服又不失造型的風格？」

常言道，越有能力的上司話越多。這裡的話多不是指無用的嘮叨碎唸，而是對員工們下具體仔細的業務指示。有能力的上司下指示時說的話，會是無能上司的好幾倍。

具體指示不單只在業務與生意往來上重要，在日常生活中，無論是父母對子女、前輩對後輩、老師對學生，也有很多要下指示的事。這種時候，沉默會造成困擾，要盡可能說得具體，對方才能準確掌握指示，不致誤解。

在日常中，具體指示的要領要遵循六何法，才能使溝通順暢。六何法指的是何事（What）、何人（Who）、何時（When）、何地（Where）、何解（Why）及如何（How）。除此之外，至少要傳達想達成什麼（結果）、何時（完成）、為何（達成結果的目的）及如何（用何種方法）。

34 傾聽得越多，越聊得來
——傾聽效應

久未見面的兩個朋友碰面一起聊天，兩人互不相讓，自顧自地聊起這段日子發生的事，幾乎沒在聽對方說話。隨著時間過去，該說的好像說得差不多了，兩人相繼起身。這兩個人在充足的時間裡，說的話並不少。

究竟他們說的內容有沒有好好地傳達給對方？想不曲解對方的話，就需要花時間傾聽對方的話，但這兩個人省略傾聽過程，因此，不可避免地會產生曲解和溝通不良。

根據某項調查結果顯示，有百分之七十五的言語溝通內容會被聽話的一方忽視、誤解，並立刻被遺忘。由此可知，為了提高溝通品質，我們需要的正是傾聽，而許多名人也反覆強調過傾聽的重要。

脫口秀帝王賴瑞．金說過：

「要做一個能言善道者，得先做一個善於傾聽者。專注傾聽對方的話，方能予以好的回應，並且輪到自己說話的時候，才能表達得更好。」

《與成功有約：高效能人士的七個習慣》（The 7 Habits of Highly Effective People）的作者史蒂芬．柯維說：

「成功人士與不成功人士差在傾聽的習慣。」

韓國知名演說家孔柄淏也說過：

「不會傾聽的人，十之八九缺乏同理心。傾聽能力有助於防止犯錯或誤

會，並累積人與人之間名為『信用』的資產。」

傾聽能使我們積極回應對話，提高口才，讓人際溝通變得暢通。不僅如此，傾聽也是成功對話的跳板，會帶來名為信賴和信用的禮物。

如果不傾聽會怎麼樣？把上面說的反過來想就行了。不傾聽會讓人際溝通產生障礙，或自動過濾掉對方的話，無法給對方回應，還有可能說錯話。此外，溝通不良會使對話目標失敗，信賴和信用也會急遽下滑。

傾聽並不容易，為了聽進對方的話，我們要打開雙耳，不說消極的話。傾聽需要積極的態度。

1—投入

人類的思考速度比說話速度快四倍，思考速度約為每分鐘四百到五百個單詞，但說話的速度約為每分鐘一百到五百個單詞。所以，如果我們一言不發，那麼我們的大腦就會充滿能量，只要利用這股能量，專注掌握對方的話，也能掌握他的心理、意圖等等。

2—立場對調

要努力站在對方的立場上，理解對方的話。

3—接受

不要先入為主判斷對方的話，要完整接納對方所說的話。

4—完整性

努力徹底理解對方的情緒和心理，並透過提問確認自己是否完全理解。

假如具備了以上這四個要素，就能積極傾聽，而且傾聽得越多，越不用擔心和對方產生溝通上的誤會。

35 為了聽清楚而拿起筆的習慣
——心理壓迫

有一位從金融業退休後投入保險推銷員的人，他自認多年來在金融業工作，對金融商品相關領域有著淵博的知識，因此剛開始工作時，自信十足。他本以為能在負責地區創下數一數二的業績，可惜事與願違。經過一番苦惱後，他找我進行諮商。他說道：

「客戶們一開始對我很友善，等到對話結束後，他們的態度就會轉為警戒，表達不簽約的意願。我想來想去，覺得是我的對話方式出了問題。」

我和這位諮詢者進行了幾次諮商，他的口才無可挑剔，後來我拍下了他和客戶對話的假設情境，這才暴露出他有問題的對話方式。我讓他看了影片後，給了他建議，不過他對我的建議持反對意見。

「您好像有做筆記的習慣，這會對客戶造成不良影響。」

「和客戶談話做筆記明明就很好，可以展現出我傾聽的姿態，而且我能記下客戶指示的重要事項，哪裡不好？」

我繼續說道：

「在公司也許是這樣沒錯，但對初次見面的人來說，做筆記是沒禮貌的行為，而且是妨礙對話的要因。」

說到「和人對話時必記筆記的人」，大家會想到誰呢？記者。記者在進行採訪的時候，為了採訪正確性，會一字不漏地記下採訪對象的每一句話，但採訪對象看到記者把自己受訪的答案寫在筆記本上的時候，心情如何？

「萬一我失言怎麼辦？」

「我應該沒記錯吧？」

除了記者照顧採訪對象，說「放輕鬆，想回答什麼就回答什麼」之外，大部分的人看到對方記下自己的話，說話時就會感到不自在，也很難吐露內心話，更不用期待溝通無礙了。

看到對方做筆記的瞬間，會想到自己說的話將被永久記錄下來而備感壓力，輕鬆的對話氣氛會立刻煙消雲散。私人對話和輕鬆的商務對話大抵如此，如果聽話的一方從一開始就掏出筆記本記下對話，更會讓說話的一方變得猶豫不決。

不會造成對方壓力，允許做筆記的對話情境有二。首先，碰到對方說重要的事情，自己不得不做筆記的情況時，一定要先請求對方的諒解後再做筆記。

「剛才您說的事情很重要，不知道方不方便讓我記下來？」

其次是，對話全部結束後做筆記的情況。採訪對象在不受壓力的狀況下，自由發表完意見之後，負責採訪的人做不做筆記，採訪對象都不會介意。

當我們和不熟的人說話時，不要一開始就擺出要把對方的話全記下來的姿態。當對方看見我們埋首做筆記而放低視線的同時，雙方的溝通就會出現裂痕。有該做筆記的時候，也有不該做筆記的時候。

第五章

對話不同，「人際關係」也會隨之不同

36

區分事實和建議——因偏見造成的謬誤

「那家公司的形象不好。」

「那家餐廳的食物超好吃。」

有時候對方會說這種話，把自己知道的資訊做為話題開端，大多數的人聽見這些話，會這樣想：

「是叫我不要用那家公司的產品吧？」

「看來那家餐廳的食物真的很好吃，要找時間去吃看看。」

隨著時間過去，聽話的人知道了當初聽到的內容和事實有出入：大部分的人認為那家公司名聲很好，那家餐廳的食物很難吃。那麼，當初聽到非事實言論的人該不該找傳遞不實資訊的人算帳呢？「你，為什麼要給我錯誤的資訊？」如果先從結論看起，其實不能算是對方的錯。

所謂事實是「實際發生過或現在正在發生的事」，而所謂意見是「對於某個對象或某種現象的想法」，兩者有明顯差異。然而，在對話中，我們很難確實區分事實和意見（推測），對話中往往參雜了事實與意見，所以對話時，聽話的人要留心傾聽對方的話，加以區分。

讓我們回到前面的實例吧。在實例裡說的資訊是對方傳達個人感受，所以那兩句話不是事實，而是對方的個人意見。站在對方的立場上，其實並沒有說錯。雖說在對話的時候，很難每次對方開口，我們就嚴格計較「你現在說的是事實」還是「你現在說的是個人意見」，不過我們依然可以區分對方傳達的像是事實一樣的話，究竟是意見還是真正的事實。

以下是朝鮮時代儒學大家南冥曹植向明宗提呈的〈乙卯辭職疏〉[18]。

1 民心已離君。
2 如今朝廷小官耽溺酒色，大官只想著聚斂民財，國家已經不成國家。
3 垂簾聽政的大妃娘娘雖然心思遠慮，然不過深宮之一寡婦。
4 當此之時，能穩住國家的只有君王。
5 請讓百姓有活下去的新希望。
6 德善兼備的施政，能讓分散的民心重聚君王身旁，振興國家。

1、2和3是事實，4、5和6是意見。前者是描寫實際情況，後者是南冥曹植的意見。由此可見，事實和意見有明顯差異。

這種差異在日常對話中很多時候並不明顯，說話的人沒有明確區分，傳遞有如事實般的意見，或是傳遞有如意見般的事實。為了避免在對話中產生誤會，我們應該好好區別事實和意見。

18 此處作者引用的〈乙卯辭職疏〉非原文，而是釋義。

37
職場用語和日常用語的不同
——五種職場對話法則

「我和員工們在業務溝通上沒有問題，問題出在午餐或員工聚餐時的日常閒聊。」

某一家風險投資企業老闆聽了我的講座後，拜託我諮商。這位老闆表示他和員工對話遇到問題，平時的演講、下指令和開會都難不倒老闆，問題出在日常閒聊。

我和老闆談話時，發現他會把工作對話和日常對話混為一談。比如說，不管員工在酒桌上提到什麼話題，他一定會潑冷水。

「老闆，最近物價狂飆，連油價都好嚇人，薪水被物價吃掉，只剩一半。」

「什麼叫只剩一半，說得太誇張了吧？頂多就是吃掉一成月薪。」

員工只是說物價大幅上漲，老闆沒必要對員工說的話斤斤計較，但老闆當真了，追究薪水有沒有被物價吃掉一半。照這種方式聊下去，問題可大了。職場對話和日常對話有不同的目的，前者在於準確傳遞資訊，後者在於交際應酬。

在公司裡談公事要周密嚴謹，哪怕是一句話也不能隨便亂說，要出意見的時候一定要給對方明確的根據；與此相反，日常對話只需要輕鬆交談，順其自然就行了，聊天對象不會無緣無故地要求給出明確數據。

我向那位老闆提出這樣的解決方案：

「日常對話的時候，放輕鬆隨便聊吧，因為日常對話的主要目的是交際，不是傳達正確的資訊，所以請不要斤斤計較是不是客觀事實。」

職場對話要傳達有根據的正確事實，假如忘了職場對話的目的，一味閒聊，就會浪費時間，有可能傳達錯的指令，偏離對話重點而得不出結論。

上司向員工詢問道：

「今年公司廣告支出額估計多少？」

這時候，如果員工回答得很籠統，說「好像會花很多錢」會造成麻煩，必須要回以準確數據才行。

「今年廣告支出額估計是二十億韓元，比去年少了五億元。」

下面是關於職場工作對話時應遵守的五種基本態度，供各位參考。

1 概括上司的指示，以提問再次確定。

2 明確快速朝核心目標前進。

3 簡要報告接到指示後進行了哪些工作。

4 追加自己的補充意見。

5 碰到疑問，先重想一遍再提問。

不管是在職場對話中使用日常用語，或是在日常對話中使用職場用語，對話絕無順利進行之理。如果希望交談能順利，我們就要根據情況，區別該使用職場用語或日常用語。

38

不讓對方變成情緒垃圾桶
——認知動機效果

「你不是說會好好做事嗎？這算什麼？」
「這個月業績在搞什麼？你這樣有臉叫組長嗎？」

這是職場上司常見的訓斥。由無數成員組成的組織朝著名為成果的目標前進，一定會碰到各式各樣的問題。站在上司的立場，上司會把職員做不好當成是問題所在，進而無時無刻予以指責，因為這樣做能讓自己消氣，又能好好地管教員工。可是，我們無論何時都能指責人嗎？有時候要嚴厲批評，有時候要溫暖地擁抱，不應該是這樣嗎？

荷蘭阿姆斯特丹大學社會心理學研究團隊，針對六十三名大學生進行了有趣的實驗，那是關於根據認知動機對業務執行成果的影響的相關調查。認知動機意指人們如何應對上司的指責之類的各種外部神經質刺激，這涉及每位員工的性格與工作環境。眾所周知，認知動機高的人懂得合理看待他人的情緒。研究團隊向受測學生下達指示：

「八分鐘內盡可能提出要怎麼使用馬鈴薯的創意點子。」

過了片刻，研究團隊對學生們進行評價，學生們被分成兩組，一組接受了貌似生氣、皺眉的評估者的講評，另一組則接受了神情淡然，喜怒不形於色的評估者的講評。接著，研究團隊再次下達指示：

「這次請提出使用磚塊的創意點子。」

實驗結果指出，接受了生氣的評估者評價的第一組學生，比起接受喜怒不形於色的評估者評價的第二組學生，提出了更優秀的點子。與此同時，第一組體現出更出色的創意性、變通性及更積極的表現。

由此可知，研究團隊認為認知動機越高的人，越容易接納上司的指責，並會對預期成果不如意的業務執行情況，進行自我反省。

「在壓力大、時間緊迫、人多口雜的公司裡，生氣不能發揮效力；與此相反，在能緩解壓力與緊張的公司裡，生氣可以有效提醒人們要更努力工作。」

像這樣，訓斥有時會起作用，有時起不了作用。在時間緊迫、時不時會被上司訓斥的公司裡，訓斥不會達到特別效果。上司的訓斥會被視為發洩情緒，只會帶給職員們更大的壓力。

相反地，在時間充裕、壓力相對較小的公司裡，訓斥能達其效用，職員不會覺得上司有壓迫感。此外，在對工作熱情低落的時候，訓斥才會有效，認知動機高的職員會自我反省，專注工作，取得好成績。

另外，訓斥要分情況，如果職員們平常處於壓力大的環境，上司就盡量克制脾氣，這種時候發脾氣，只會招致職員反彈。訓斥在鬆散的情況下更有效，也較不易造成職員的誤解，職員也會更容易接受。

39 支撐對話的第一句話，Yes
——初始效應

「不是的，按我的意見做……」

「這樣不行，我覺得……」

每個人都有不一樣的立場和意見，有些人喜歡直言不諱地提出自己的想法，當場否定對方的意見才高興，然後再提出自己的意見和主張。

遺憾的是，這種態度說服對方的力量有限，因為對方聽見第一句話「不」，臉上的肌肉立刻會變僵硬。這在心理學上稱為「初始效應」，是先收到的訊息強烈影響到後來收到的訊息的現象。自己的意見被拒絕，傷害到情緒，無論對方的意見多合乎邏輯，多像樣，都會帶著有色眼鏡去看待。並且一開始出意見被否決的人，會更加執著於自己的主張，讓步與妥協不復存在。

「看誰贏吧。」

「要我同意你的意見，門都沒有。」

結果，雙方之間會發生尖銳的意見對立，一些學習過市面上教授的話術竅門的人會感到驚訝，畢竟過去學過的聰明話術都告訴他們要先下結論。據他們所學，「進行發表和報告一定要先從結論說起」是話術的基本法則，那為什麼照書教的做卻帶來不好的結果？

從結論說起並沒有錯，但應排除雙方想法相悖，或自己反對對方意見的情況。如果碰到這種情況，千萬不要先說結論，因為這樣反而會讓對方反彈。

要想貫徹自己的意見和主張，首要之務是給對方留下好印象，所以我們需要的是——「是的，但是」話術。先表示肯定，營造好感形象，再不動聲色地提出自己的反對意見。但凡在公司裡想提出和上司不同的意見時，都適用以下做法。

「部長說的有道理，但是我認為那樣做，會對公司產生很多不好的影響，因為……」

因為員工先予以肯定（Yes），部長會用輕鬆的心態想著，「也好，聽聽你的意見吧」。

在家裡，父母子女意見不同的時候，可以這樣說：

「兒子，你的想法真棒！可是按照你的想法做……」

媽媽先這樣說，會讓孩子有被尊重的感覺。有生以來第一次遇到這種事的孩子，會產生「要不要先聽看看媽媽的意見」的想法，過去凡事反對媽媽意見的態度，頓時會消失得無影無蹤。

要不要提出和對方不同的意見和主張？我們在考慮這個問題的時候，如果起手式是否定句，和對方的溝通就會斷絕，對方不會接受我的意見和主張。要想讓對方接受、認可我的意見和主張，應該先予以肯定，再提出自己的意見和主張。

40 需要叫人守口如瓶的事不叫秘密，叫弱點

——共享秘密法則

「我跟你說一個秘密。雖然我是明星講師，但實際上我有很多不為人知的痛苦……」

對我很想拉近關係的人，我會說這句話，當然，我不會認識第一天就說這種話，會等到和對方多見幾次面後，伺機而動。這種共享秘密的話術有很強的效果，能馬上拉近雙方距離，親密度直逼認識多年的老友。

也許有人會心存疑慮，把秘密告訴別人不是自找麻煩嗎？其實不然。共

享秘密在第二次世界大戰時，被當成了求生存的話術。間諜潛入敵軍後被擄獲，利用共享秘密話術提高生存率。實際上，被嚴刑拷問至死的間諜會說這樣的話。

「這是秘密，其實我當間諜的原因是……」

「現在開始，我說的話絕對不能告訴別人，我來潛伏的理由是……」

與此同時，如果間諜加碼，要求敵人保守秘密，審訊官會在不知不覺中，和間諜變成了同謀。結果當然是審訊官守住秘密，並停止嚴刑拷問。

這種話術能有效拉近關係。如果上班族靠近喜歡的同事這樣說，兩人一定能成為莫逆之交。

「其實我有個不能說的秘密，那就是……」

「我每次人事考核都拿第一，其實有個大家都不知道的秘密，我只告訴你一個人，你一定要保密……」

做生意的商家也一樣，會碰到一些經常見面，但緊閉心扉的顧客。商家這樣子說，就會增加這種顧客打開錢包掏錢購物的機率。

「這個特別優惠只給您一個人，不可以告訴其他客人喔！」

「其實這個商品有一個秘密，老實告訴您吧……」

不過，有可以透露的秘密，也有絕對不能透露的秘密。能和對方變親近的有用秘密，主要是個人的小秘密，像是犯錯、失敗、小弱點等等，這種內心話能打破對方心防，對形成穩固的感情紐帶關係有很大的幫助。

反之，如果分享的是會讓人心驚膽戰的秘密，那就是自找麻煩。比如說：誹謗公司某位成員；或說對方妨礙自己的工作；或公司秘密；或透露會給自己造成致命打擊、應該要帶入棺材的秘密等等。這一類的秘密藏在自己心底，絕口不提是最好的。

有一位營業員說了不該說的秘密，最後弄得自己很狼狽。

「其實我之前做生意，因為詐欺罪被整得很慘……」

聽到「詐欺」一詞的客戶，從此不再和他來往。

又比方說，組長向組員說出秘密，那就是自挖背叛之墓。

「企劃一組組長這次進行的項目失敗了，其實是我把企劃一組的工作內容告訴其他公司上班的學校學弟，現在輪到我們這組大展身手，拿獎金升職了，對吧？」

無論共享秘密有多好的效果，我們都應戒慎恐懼，只分享能向對方分享的秘密，共享秘密法則才會奏效。

41

符合言語的衣著，必不可少
——高衣Q政治效應

某位國會議員每逢選舉季節，就會造訪當地傳統市場，和市場商人見面。熱情的國會議員一一握住市場商人的手說道：

「我也是商人之子，寒窗苦讀，所以我比誰都能理解各位的苦衷。我真心希望透過今天的場合，傾聽大家的意見……」

國會議員說自己也是商人的孩子，但奇怪的是，市場商人們的反應並不熱絡，一臉不耐煩，用敷衍的姿態聽國會議員說話。原來，國會議員穿著佩戴金徽章的西裝正是問題所在。

西裝革履只適合出現在國會議事堂，不適合用辛勤汗水工作的市場。即便這位國會議員真心想傾聽市場商人的煩惱，但這種穿著也不合宜，因此他失敗了，不但背離原本的目的，溝通也出現障礙。

如果這位國會議員是到國會議事堂發表政見，他該穿什麼樣的服裝也很重要。要是他上穿寬鬆衣服，下搭棉褲，腳踩休閒運動鞋，會怎樣呢？即便他打著為民喉舌的政治旗幟，一心打破過往汝矣島[19]政治常規，也一定會先引起其他國會議員的抵制，因為國會議事堂有國會議事堂的專屬服裝禮儀。

19 汝矣島是集結韓國政治、金融及媒體的重心，也是國會議事堂所在地。

有一位企業家捲入了不好的事件中，媒體連日大肆報導，對企業形象和利潤造成莫大的打擊，而這位企業家不能坐視不理，最後他決定發表道歉信。這位企業家先前向我諮商過話術，所以當時他向我求助。

我在道歉文公開前一天和他碰面，公司秘書室打好了完美的道歉文草稿，他進行了好幾次的彩排，他用準確的發音，一字不錯地唸出了道歉文，秘書室似乎非常滿意。我補充了我的意見道：

「既然是道歉的場合，就不需要多費口舌，長篇大論。您表現得有點生疏也沒關係，重要的是展現出誠意。您留意一下穿著打扮會比較好，我建議穿一套不會過分誇張、高級，但又不失正式的衣服。」

隔天企業家被登上了新聞。他穿著黑西裝，打深紫色領帶，說出道歉文內容，盡顯穩重氣息，再加上些許鬍碴，讓他看上去似乎為了這個不好的事件而苦惱多日。

這種模樣和穿著，足以讓人們感受到他的道歉重量。實際上，在新聞播出後，許多觀眾都接受了他真誠的道歉。

如果有機會站上特別場合、正式場合，我們不應只擔心言語失態，更要多費心思，挑選一套能增添言語真誠性的衣著。

時尚通常要考慮到 T.P.O，也就是時間（Time）、地點（Place）與場合（Occasion）。就配合時間方面來說，要考慮到天氣炎熱或寒冷、季節、上午或下午等等；另外也要與聚會地點、自身性格，是莊重或隨興自由的場合相呼應。能做到三拍子相呼應，說話才能得到別人的反響。

人們對於視覺方面非常敏銳。說話的內容固然重要，但說話者的裝扮會對聽話者產生很大的影響。說話者穿著得體的時候，聽話者才能不帶反感地把話聽進去。

第六章

缺乏「理解」的人際關係不會順利

42 糾正人的批判，貶低人的非難

——框架效應

很多時候，我們會搞混單詞的意義，交錯使用。人們常混淆使用的代表單詞就是「批判」和「非難」，有時候有人會把非難說成是批評，但反過來，也有人會把批判說成是非難。聽話的人也一樣，有時候受到批判，卻說受到了非難；受到了非難，卻說是受到批判。首先，我們應該明確了解批判和非難的字典定義。

批判：判斷現象或事物的對錯，從而指出或給予改善建議。

非難：指責別人的過失或缺點。

前者是冷靜地指出錯誤之處，後者則是帶有情緒地說他人缺點。批判主要針對錯誤的言行或做錯的事，而非難則把焦點放在犯錯的人的人格上。北韓對非難的描述是：「與事實不符的誹謗。」這兩者有明顯的差異，我在諮詢和講座的時候，都反覆強調這一點。

「請絕對不要非難他人，那只會引起矛盾和爭執，改用合理的批判取代非難吧。對方是為了你好才願意傾聽你的話，而且為了雙方關係能有好的發展，批判也是必不可少的。」

有效進行批判的五種方法如下：

1 具有邏輯性、合理性。

2 不能失去冷靜。

3 批判的範圍必須有限度。

4 要正確掌握批判的意思。

5 提出自身主張時，應有充分的根據及根據來源。

像這樣有框架的批判能帶給對方不少好處，好比美國前總統富蘭克林．羅斯福，就當總統來說，他有許多缺點——有小兒麻痺不說，還有過不倫戀，再加上大多數美國人是基督徒，他卻是天主教徒。這樣的他是如何當上美國總統的？他的政治顧問路易斯．豪的批判扮演了要角。路易斯．豪會毫不猶豫地指出富蘭克林．羅斯福總統的錯誤。

「這次的政策對美國不好，我這樣說是根據……」

「不要再這樣子待人處世了，你現在的形象很糟，再這樣下去，最終會……」

像這樣，政治顧問路易斯．豪會有邏輯且合理地，逐一指出富蘭克林．

羅斯福總統的錯誤，這種批判能使對方進步。富蘭克林．羅斯福總統也虛心接受了路易斯．豪的批判，最後富蘭克林．羅斯福總統成為美國第一位，也是最後一位連任四屆的總統。

要是路易斯．豪逾越批判的框架，變成了責備，事情會變怎麼樣呢？他的諫言可能被誤解為非難，不要說他不能讓富蘭克林．羅斯福總統有革新的念頭，還很可能會馬上被開除。

如果打算要批判某人，那麼千萬不要把焦點放在對方的品行上，應該有邏輯地、合理地指出對方的錯誤，只有這樣，對方才會傾聽批判，彼此的關係也才能進一步發展。

43

稱讚使人進一步，恭維使人退一步

——恭維的等級

「請教導我不恭維他人，也不接受廉價的稱讚。」

這是英王喬治五世刻在白金漢宮書房牆上的名言。這裡所說的「廉價稱讚」就是恭維，意指阿諛奉承、逢迎拍馬，表面上貌似讚美，實則不然。

獲得肯定是人類的基本欲望，所以無論地位高低，每個人都喜歡受到讚美。根據人際關係學大師戴爾・卡內基所言，我們應避免爭辯、吹捧他人。沒人會在意只關心自己的人。卡內基表示：「人們渴望受到尊敬，渴望他人了解自己的價值。」因此，我們要想建立成功的人際關係，就要提高對方的地位。

我在聊成功話術時，會以戴爾．卡內基的話為基礎，特別強調讚美的重要性。

「如果你有初次見面的對象，或難以親近的對象，或存有矛盾的對象，能一下子拉近你們之間距離的方法，不是別的，正是讚美。我個人是讚美愛好者。如果主動開口說第一句話讓你感到為難，那就試著把讚美當成開場白吧。」

但也有很多人看似讚美的話，其實是讚美加恭維，所以我們一定要學會理智分析對方說的是讚美還是恭維。通常人們碰到滿口恭維的人時，會陷入這種想法：

「什麼跟什麼啦？真不知道他恭維我有什麼目的？之前我還覺得他人很不錯，原來表裡不一，以後不要跟這個人打交道了。」

陷入自滿的人偶爾會分不清讚美和恭維，重視培育英才的朝鮮正祖大王

正是如此。正祖大王親自教導文臣，審閱他們的作業，從中獲得滿足感，驕傲地把自己當成文臣們的老師。文臣們不能不看正祖的臉色，急於逢迎拍馬。在《正祖實錄》（정조실록）中提到：

「阿諛奉承蔚為風氣，朝廷無人盡忠職守，有此記載。偶有望向屋頂，憂嘆前途之人，然一入宮中便入境隨俗，轉為逢迎拍馬。」

如果想正常地溝通就要能區分讚美和恭維。讚美是發自內心的真心話，恭維則是虛情假意的虛言。戴爾．卡內基說過：

「讚美和恭維的差異是什麼？答案很簡單，讚美是真的，恭維不是；讚美發自內心，恭維只是空口白話；讚美不是自私的，恭維是自私的；人人都喜歡讚美之言，人人都會非難恭維之詞。」

當為了討好人而說出虛情假意的讚美的那瞬間，讚美就會變成恭維。心裡不那樣想，寧可不要讚美。讚美能融化我和對方之間的心靈鐵壁，但虛情假意的恭維會讓心靈鐵門鎖得更緊。

44 只在聊優點的時候作比較

——對比效應

不管說明什麼，只要比較一下就有效。和類似的東西作比較，說明有什麼樣的特徵，就能讓聽的人容易理解。

「這次的新產品和S公司的產品比較，在設計方面有壓倒性優勢。」

「我們組和三組的提案相比，有非常高的投資報酬率。」

就像白色出現在黑色旁邊會更醒目一樣，同理，這樣說會比單純說明新產品或進行單純的提案，更具傳達力。在我們介紹小東西的時候，或是說明身高時，像下面這樣說就行了。

「這個東西比一百元的韓國銅板還要小。」

「韓國男性平均身高一七四公分，我比男性平均身高高十三公分。」

比較型話術的重點在於強調優點，另外也有強調缺點的比較型話術，通常用在指責對方的時候。

父母對子女、老師對學生、男朋友對女朋友很容易說出這種話。

「你為什麼考得比鄰居小孩還差？」

「向這次考第一名的同學看齊！以後要更努力。」

「妳有沒有看到旁邊那對情侶？人家女朋友對男朋友說話很溫柔。」

被作比較的人會很生氣。下至三歲小孩、上至八十歲老人，不管是誰被作比較，心情一定會不好。常言道，就算田裡的牛被比較也會不開心。如果主人說黑牛不如花牛，聽懂人話的黑牛會氣得連原本做得好的事也不做了。

每個人都有自己的能力和個性。試著回想，我們有沒有曾經忽略這一點，用個人標準單方面評斷對方比人差的經驗呢？這會很容易傷到對方的自尊。被比較的人會認為自己比不上他人，覺得自己比別人差，嚴重時還會陷入深深的自卑感。千萬別忘了，把人變得不幸的最大理由就是自己被拿去和他人比較。

根據不同的比較方式，會帶來兩極化效果。強調優點的比較型話術極富成效，相反地，強調缺點的比較型話術則得不到好效果。被比較的人會不想和隨便評價自己的人繼續往來，導致雙方溝通斷絕。因此，我們在指責他人的缺點時，要先凸顯對方的優點，使用鼓勵和加油的比較型話術會更好。

如果各位之前做為某人的父母、老師或男友，有說過類似上述例子的話，那麼以後試著改成下面這樣吧：

「兒子，你考試考得比樓下小孩好。」
「這次也有很多同學沒拿到獎，你做得已經夠好了。」
「看到隔壁的情侶了嗎？那個女友好像瞧不起人，看起來很不好。」

45

稍微改變提問，就能改變關係

——開放式問句效果

很多時候，人們會在沒有弄清楚真實狀況下而單方面下結論，因此，一段關係發展下去，難免會碰到矛盾。弄清事情真相是優先之務，但人們卻傾向無視真相，只要求對方回答「是」或「不是」。

「你有沒有對我做錯事，有還是沒有？」

「你是不是說過這次的項目還沒完成？」

被問的人說不出自己想說的話，受困在問話的人非黑即白的邏輯框架中，結果產生誤會，從而導致矛盾擴大。這種只希望得到既定答案的問題稱為「封閉式問句」。

在上述問句中，處於戀人關係中的女人覺得男人對自己犯了錯的時候，排斥從男人口中聽見解釋，就是一種封閉式問句。還有，上司責備沒有完成項目的下屬，也使用了封閉式問句。封閉式問句在對話中，會成為許多方面的絆腳石。

1 會造成被問的一方覺得被指責。

2 被問的一方會變得有防禦性。

3 問題的答案被限定在「是」或「不是」。

4 提問的一方無法理解被問的一方的想法和經驗。

要怎麼在避免使用這種對話方式的情況下，也能順利解決人際關係問題呢？就是用「開放式問句」替代封閉式問句。開放式問句是為對方預留了回答問題的自由度，因此上述的問句可以修正如下：

「你好像對我做了錯事，對不對？」

「這次項目好像結束不了，為什麼會這樣？」

如此一來，被問的一方就能更從容地回答問題，而在回答各種問題的時候，也能提出自己的意見。對女人的提問，男人可以這樣回答：

「啊，原來我有那樣子啊？抱歉，可以告訴我該怎麼做嗎？我下次不會再犯。」

對於上司的提問，下屬可以這樣回應：

「合夥公司要支援的物品還沒送到，所以項目還結束不了。只要收到支援物品，我馬上就能推進項目。」

像這樣子回答問題，提問的一方心情該有多好？聽到這種回答的瞬間，馬上能擺脫惡劣心情的深淵，並斷絕誤會產生的可能，讓矛盾無機可乘。

是不是覺得自己受到了不正當的待遇，但又不可避免地要和對方繼續溝通？對方有認為自己的行為不正當嗎？不要一見到對方就不分青紅皂白拋出封閉式問句，這種行為只會激化憤怒的情緒，讓關係更加惡化。用開放式問句取代封閉式問句吧，誤會和矛盾的大門將會被打開，形成溫暖的共感交流。

46

沒做錯需要道歉嗎？

——共融[20]模式

有的人愛把「對不起」、「抱歉」掛在嘴邊，但與此相反，有的人不愛說這種話。最擅長說「對不起」的是日本人，去日本當地，我們無時無刻都能聽到「SUMIMASEN」（すみません），也就是日文的對不起，不是日本人的外國人會相當意外。

20 共融又稱團契，即相互交往、分享和建立夥伴關係，源自於《聖經》。

「什麼都沒做錯，為什麼要道歉？這樣說話不傷自尊嗎？」

這是誤會，因為日文裡的「SUMIMASEN」結合了「不好意思」、「麻煩您」之意。日本人的抱歉有多種意涵，其效果值得注意。因為說話的人先放低姿態，不具威勢，所以人們一聽到這句話會不由自主和說話的人敞開心扉。由此看來，「SUMIMASEN」具有共融效果。

在韓國也是如此，常說「對不起」的人大多是出於親切的目的，不單單用在自己的錯誤或做錯事情時，是為了防止雙方溝通出現誤差，因此先行道歉。

實際上，有些公司在員工培訓中會強調「對不起」是溝通的潤滑劑，我在企業的職員教育課程上也是這樣教導學員的。

1—遲到幾分鐘時

要說「對不起，我遲到了。」

2—自己要插入上司跟他人說話的場合時

要說「很抱歉打斷你們的對話，有急事要報告。」

3—不理解上司交辦的工作時

要說「抱歉，能麻煩您重說一次嗎？」

4—接到找上司的電話，但上司不在時

要說「不好意思，部長現在外出了。」

5—先下班時

「不好意思，我先下班了。」

6—拜託同事公事時

「抱歉，可以幫我看一下嗎？」

在各式各樣的情況下，「對不起」、「抱歉」會有組織內溝通潤滑劑的效果，會讓出現嘎吱嘎吱不順聲響的情況變得緩和。

不要誤會「抱歉」只能使用在自己犯錯的情況。當有人經常說對不起時，他不是因為真的做錯而道歉，也不是自尊低落，而是他是善於社交的人，懂得體諒對方，了解與人親近。

47

先給出想聽的答案
——說話的鑽石法則

大學生模擬面試的時候，我經常碰到一些問題。好比我看完面試者的自我介紹後提問，面試者經常答非所問。做為被時間追逐的面試官，我感到非常鬱悶。

「同學，你想在我們公司擔任什麼工作？」

「我非常尊敬史蒂夫．賈伯斯，在學校也參加了ＩＴ相關社團。我的夢想是開發創新的智慧型手機，所以我想當智慧型手機開發研究員。」

我想聽到的回答是「我希望從事某某工作」，本來應該先回答想做什麼工作，面試者卻把回答放到最後。其實，面試者只需要回答問題，不用提其他的也沒關係。只有在面試官的問題和面試者的答案對焦，面試氣氛才能變得積極正向。

面試者在回答面試官提問的關鍵答案之前，先對答案進行了說明。面試官並不好奇說明，無論這位面試者的實力再傑出，也會被面試官判定成無法作出結論（辨認出問題核心）的人，予以扣分。面試官認為這樣的面試者進公司，會遇到不少溝通問題，所以會毫不猶豫地刷掉他。

有些大學生習慣用三段論法[21]說話，依序說出緒論、本論，最後作結論。在發表或時間充足的情況下，這種說話習慣會毫無保留地暴露缺點。請不要忘記，這種說話習慣會讓聽話的人心情壓抑。

把結論放到最後說是韓語的特性。英文是以名詞為中心的語言，所以結論出現在前方；韓語是以動詞為中心的語言，所以結論出現在後面。因此，不注意自己說話方式的韓國人，通常會把關鍵答案放在最後。

說話就是要讓對方能馬上聽懂，不要讓對方花時間理解。在職場和商業場合上，這點尤為重要。在公司裡，上司對職員提問道：

「這次項目什麼時候能結束？」

職員的回答要讓上司能馬上理解。

「下禮拜三會結束。目前進行到……」

營業員也是如此。客戶提問，要馬上給出答案。

「這個產品為什麼人氣這麼高？」

---

21 Syllogism，又名「三段論式」，源自亞里斯多德，由大前提、小前提和結論組成。

「因為便宜。最近經濟不景氣，民眾不得不降低家庭開支，不久前，政府還推出了這個產品的減稅優惠政策……」

史蒂夫．賈伯斯也是以善於先作結論而出名。以下是二〇〇五年，他在美國史丹佛大學畢業典禮上的演講稿前面部分。

「我今天來參加全世界最優秀的大學之一的畢業典禮，是我的榮幸。老實說，我大學沒畢業，現在是我離大學畢業最近的時刻。今天我想告訴大家關於我人生的三個故事，沒什麼，就是三個故事而已。」

史蒂夫．賈伯斯在開頭把演講主要內容壓縮成「今天要說關於我人生的三個故事」。在正式進入本論，他也不忘把結論放到最前面。

「第一個故事是『把點連結起來』。」

「第二個故事是『關於愛與失去』。」

「第三個故事是『關於死亡』。」

從結論說起，也就是從核心說起，能讓聽眾便於傾聽。因為聽眾知道接下來要說的內容核心，所以理解程度和專注程度隨之提升。如果不想讓聽話的人變得憂鬱，從而失去對話的核心，說話的人就應該先說結論。

48 對方沒時間聽我的話——核心溝通法

「用三段論法說話，為什麼錯了？」

從法學院畢業的律師問道。他通過律師考試後，被某企業聘用為律師。多年來，他早已熟悉了法條、辯論與律師考試論述寫作技巧。他是文字溝通方面的專家，但成為企業律師後，他和管理階層、職員之間出現了溝通障礙。儘管他認真準備，說話有條有理，但人們的反應卻不好。

「好無聊，到底在說什麼？」

「開頭廢話太長了吧。」

因為一直發生這種事，最後甚至有人當面要求他：「請不要用說的，用文字傳達吧。」他感到很難堪。他有很好的邏輯，但不知道語言和文字溝通是不一樣的。

「您不管說什麼話都是用三段論法呢。聽起來是一個邏輯很強的人，但是在快速運作的職場上，像寫文章一樣使用三段論法工作，是行不通的。在職場得最先提出結論，才能方便溝通。」

在職場上，同事與同事之間，上司與下屬之間討論工作時，要是像寫作一樣，流暢完整地描述，最後才導出結論，那麼漫長的過程會妨礙溝通效率。在商界，快速傳遞核心內容的溝通方式很重要。與此相反，如果把結論放到最後面，開場白卻長篇大論，只會造成溝通障礙。下面是使用三段論法的文章例子：

大前提：由於經濟不景氣，這一帶的炸雞店陸續倒閉。

小前提：K 某在開炸雞店。

結論：所以他也打算關店。

這是適用在寫作上的手法，得有充裕的時間，傳達完整內容，慢慢推導出結論。但是上班族用三段論法說話，會造成溝通不良。開場白要先下結論，下面是職場同事之間的對話例子：

同事：最近 K 情況還好嗎？

我：聽說最近經濟不景氣，那一帶的炸雞店都關了，K 也在開炸雞店，所以他也說要關店。

用三段論法說話，同事會在最後才得到問題的關鍵答案。這段對話還算短，但如果是一些要花一分鐘、三分鐘才能說完的內容，把結論放在最後，會讓同事感到很鬱悶。我們和同事進行對話時，要改用這種方式。

同事：最近K情況還好嗎？

我：他說要關店。最近經濟不景氣，那一帶的炸雞店都關了，K開的也是炸雞店。

同事一下子就得到了想要的答案，之後對於結論的說明，聽不聽都無所謂。

如果想用三段論法說話，就應該在大前提裡說出結論，然後說完小前提後，再次提出結論。在需要首尾重複強調兩次結論的時候，在對話中可以使用三段論法。舉例來說：

「我們這一小組對工作充滿熱情，這次的案子一定要由我們這組拿下。最近我們的競爭對手擺明了在追擊我們，但是這段時間以來，我們這組所取得的成績，完完全全能拉開距離，這說明了我們這組會是這次項目的合適人選。」

國家圖書館出版品預行編目資料

三言兩語，把話說到心坎裡！聊天心理學 / 吳秀香（오수향）著；黃莞婷 譯 .-- 初版 .-- 臺北市：平安文化．2021.6 面；公分 . --（平安叢書；第 0683 種）（溝通句典；50）
譯自：모든 대화는 심리다 : 오해를 피하고 마음을 여는 심리 대화법

ISBN 978-986-5596-17-0（平裝）

1. 傳播心理學 2. 溝通技巧 3. 人際關係

177.1 110007437

平安叢書第 0683 種
溝通句典 50

三言兩語，把話說到心坎裡！聊天心理學

모든 대화는 심리다 : 오해를 피하고 마음을 여는 심리 대화법

作　者—吳秀香（오수향）
譯　者—黃莞婷
發 行 人—平　雲
出版發行—平安文化有限公司
台北市敦化北路 120 巷 50 號
電話◎ 02-27168888
郵撥帳號◎ 18420815 號
皇冠出版社（香港）有限公司
香港銅鑼灣道 180 號百樂商業中心
19 字樓 1903 室
電話◎ 2529-1778　傳真◎ 2527-0904
總 編 輯—許婷婷
責任編輯—張懿祥
內頁設計— FE 設計工作室
著作完成日期— 2019 年
初版一刷日期— 2021 年 6 月
初版六刷日期— 2024 年 2 月
法律顧問—王惠光律師

讀者服務傳真專線◎ 02-27150507
電腦編號◎ 342050
ISBN ◎ 978-986-5596-17-0
Printed in Taiwan
本書特價◎新台幣 299 元 / 港幣 100 元